1945中国记忆 MEMORY OF CHINA

台湾光复

戚厚杰◎著

南京出版传媒集团
南京出版社

图书在版编目（CIP）数据

台湾光复 / 戚厚杰著. -- 南京 : 南京出版社,
2017.10
（1945·中国记忆）
ISBN 978-7-5533-1890-5

Ⅰ. ①台… Ⅱ. ①戚… Ⅲ. ①抗日斗争一史料一台湾
Ⅳ. ①K295.8

中国版本图书馆CIP数据核字(2017)第187553号

丛 书 名：1945·中国记忆
书　　名：台湾光复
作　　者：戚厚杰
出版发行：南京出版传媒集团
南 京 出 版 社
社址：南京市太平门街53号　　邮编：210016
网址：http://www.njcbs.cn　　电子信箱：njcbs1988@163.com
天猫1店：https://njcbcmjtts.tmall.com/　　天猫2店：https://nanjingchubanshets.tmall.com/
联系电话：025-83283893、83283864（营销）　025-83112257（编务）

出 版 人：朱同芳
出 品 人：卢海鸣
责任编辑：杨传兵
装帧设计：金刚创意
责任印制：杨福彬

印　　刷：三河市兴国印务有限公司
开　　本：710毫米×1000毫米　1/16
印　　张：14.5
字　　数：156千字
版　　次：2017年10月第1版
印　　次：2017年10月第1次印刷
书　　号：ISBN 978-7-5533-1890-5
定　　价：49.80元

营销分类：社科·历史

参加受降典礼的中方代表合影

谏山春树将安藤利吉签字的投降书递交给陈仪检视

陈仪发表广播讲话，宣布台湾及澎湖列岛正式重入中国版图

主持受降典礼的中国官员合影。台湾行政长官陈仪（右五）、台湾行政长官公署秘书长葛敬恩（右四）、台湾警备司令部参谋长柯远芬（右六）

学生夹道欢迎来台湾接收的国军

1948年5月4日，第七届全国运动会在上海江湾体育场举行，台湾省组团参加

“台湾议会设置请愿运动”开始之后，也吸引一些日本人士来台湾考察。图为台中火车站上一次迎接日本人士的场面。中间戴礼帽者为蔡培火，其右手第二人为林献堂

日本投降，台湾同胞欣喜若狂

庆祝台湾光复游行的学生队伍

台湾民众欢迎祖国的官员

台湾街头庆祝光复的热烈情景

台湾受降典礼于1945年10月25日上午10时在台北中山堂举行。图为聚集在中山堂外的台湾民众，在等待那激动人心时刻的到来

中国战区受降仪式于1945年9月9日在南京举行。图为受降会场

丛书编委会

总　序

2017年是中国人民抗日战争全面爆发80周年，为了铭记中国人民反抗日本帝国主义侵略的艰苦卓绝的斗争，缅怀在中国人民抗日战争中英勇献身的英烈和所有为中国人民抗日战争胜利做出贡献的人们，重温近代以来中国反抗外敌入侵第一次取得完全胜利的民族解放战争的辉煌和荣光，南京出版传媒集团·南京出版社组织相关中国近现代史专家，隆重推出“1945·中国记忆”丛书。这套丛书的具体书目包括：

《胜利大反攻》详细叙述抗日战争的最后阶段，日本侵略者陷入山穷水尽之际，中国战场国共两党的军队由局部反攻转为全面大反攻的历史。

《战区大受降》重点讲述日本天皇宣布《终战诏书》后，日本与中国在芷江进行洽降、东京湾“密苏里”号战舰日本签字投降，以及日本在中国战区签字投降的故事。

《台湾光复》系统叙述台湾先后沦为荷兰、日本殖民地的历史，以及抗战胜利后，台湾回归祖国怀抱的历程。

《国府还都》重点叙述抗日战争胜利后，国民政府由陪都重庆“还都”南京的过程。

《日俘日侨大遣返》集中披露日本投降后，在中美两国的共同组织领导下，以及国共两党的共同努力下，遣返300万日俘日侨的故事。

《汉奸大审判》着重介绍日本投降后，国共两党肃清汉奸、惩治汉奸和公审汉奸的史实。

《日本战犯审判》全面介绍战后日本东京远东国际军事法庭和中国南京审判战犯军事法庭，对日本甲级战犯、乙级战犯和丙级战犯进行罪行调查和审判的故事。

这套丛书从不同的侧面，采用形象生动的语言和图文并茂的形式，客观、真实、系统地再现了抗战胜利前后中华民族扬眉吐气的历史，披露了一段段鲜为人知的史实，揭示了一个个尘封已久的故事，展示了一幅幅振奋人心的画面。

“铭记历史，缅怀先烈，珍视和平，面向未来。”我们衷心希望这套丛书的出版能够得到广大读者朋友的喜爱，同时，也希望“1945”这段充满荣光的历史永久地铭刻在中国人的集体记忆中。

目录

029–036

三　跨海征战入版图　耕凿从今九壤同

郑成功的伟业是从荷兰侵略者的手中收复了台湾，施琅的功绩则是统一了台湾，使台湾归入祖国的版图之内，而且建议镇守台湾、管理台湾。和郑成功一样，施琅也是一个杰出的爱国主义者、永垂不朽的民族英雄。

037–054

四　骨肉分离天落泪　烽火遍岛不臣倭

甲午战争清朝战败，台湾被迫割让给日本。但台湾人民不愿脱离祖国，他们像失去母亲的孩子，喊出了“吾政府可欺，而吾民不可欺，台湾绅民万姓不服，誓不臣倭”的口号。

055–064

五　驱逐倭奴　恢复中华

台湾同胞为驱逐日本占领者、回归祖国，进行了不屈不挠的抗争。在日本占领台湾的半个多世纪里，规模较大的反日武装斗争就有二十多次。在历次反日斗争中，牺牲者达六十五万人。至于平时被迫害而惨死者，仅在被日寇占领的最初十年间，就有五十万人以上。

121—140

九　宣示主权　宣战废约　人地相宜　培养人才

抗战开始不久，中国就提出了“废约复台”的口号。国民参政员宋渊源，联合胡景伊、褚辅成、董必武、张澜、许德珩等二十六人，提交了《策进台湾朝鲜革命使敌益速崩溃案》，认为既然中国与日本为交战国，就应马上宣布《马关条约》无效，并做收复台湾的准备。国民政府按照“人地相宜”的原则，培训以台胞为主的骨干，拟定法规，为收复台湾作准备。

141—166

十　《开罗宣言》昭示法理　日本投降台湾回归

第二次世界大战是从日本侵略中国开始的，中国人民不屈不挠地斗争，就是为了打败日本侵略者，收复包括台湾在内的祖国领土。中国人民的英勇斗争精神震撼了世界，也感动了世界，因此才有了同盟国率先废除不平等的旧约、订立新约，才有了具有国际法效力的《开罗宣言》和《波茨坦公告》。

167—194

十一　台湾重光回归祖国　日军缴械全部遣返

日本投降之日就是台湾光复之时。一九四五年十月二十五日，台湾行政长官兼警备司令陈仪将军发表广播讲话，他向全世界宣布：“从今天起，台湾及澎湖列岛已正式重入中国版图，所有一切土地、人民、政事皆已置于中华民国国民政府主权之下，这种具有历史意义的事实，本人特报告给中国全体同胞及世界周知。”

195–203

十二　有可爱护的国家享受温暖　有可尽忠的民族为国效力

台湾光复后，与其他省份一样享受祖国大家庭的温暖。经过分离之苦的人，才知道团圆的幸福；曾经失去祖国的人，才知道祖国大家庭的温暖。林献堂的话道出了台湾同胞的心声：“台湾沦陷五十一年，同胞饱尝亡国痛苦，痛定思痛，所以对国族倍感可爱，希望国家强盛、民族繁荣的心情比国内同胞或且有更来得深刻之处。”

【引言】

直挂云帆复台湾 两岸统一会有时

一九四五年十月二十五日的台湾光复，无疑是中国历史上最有意义、最值得纪念的一件盛事。台湾是中国领土不可分割的一部分，这是得到国际法认可的，也是国际上公认的。谁要将台湾从祖国的版图上分割出去，不仅是对无数为台湾回归祖国而牺牲烈士的背叛，更是违反国际法的，是对世界公理的挑战。

时光荏苒，日月如梭，抗日战争胜利与台湾光复弹指间已经70年了。时间再久也抹不去人们对这一天的记忆——1945年10月25日，这是中华民族扬眉吐气的一天，是祖国统一的一天，是全中国欢庆的一天。

让我们沿着时光隧道追溯到这一天。

这一天，秋日的风将台湾全岛的污泥浊水荡涤一尽，晴空万里，一碧如洗。台湾岛上家家张灯结彩，人人脸上挂着幸福的笑容，全岛沉浸在一派节日的气氛之中。

这一天，台湾台北公会堂被松柏、彩旗装饰一新，宽长的横幅上书“庆祝台湾光复”和“中国战区台湾省受降典礼会场”，巨大的“V”字向人们昭示，中国人民50年分裂的噩梦将在这一天结束，台湾即将回到祖国的怀抱。

上午10时，中国战区台湾受降仪式在轰鸣的礼炮声中开始。日本代表、日本驻台湾军队总司令安藤利吉向中国政府代表、台湾行政长官兼警备司令陈仪将军交出其武装力量的象征——军刀，并在投降书上签字。中国代表审视无误后，令其退出会场。陈仪发表广播讲话，他向全世界宣布：“从今天起，台湾及澎湖列岛已正式重入中国版图，所有一切土地、人民、政事皆已置于中华民国国民政府主权之下，这种具有历史意义的事实，本人特报告给中国全体同胞及世界周知。”日本占领中国台湾省50年的历史自此结束，台湾回到了祖国的怀抱！

世界各国都记得：1945年10月25日是中国人民收复台湾的日子。

中国人民都记得：1945年10月25日是祖国统一台湾的日子。

台湾人民都记得：1945年10月25日是台湾被分割50年后重新回到祖国怀抱的日子。

10 月 25 日为“台湾光复节”，每年的这一天，台湾人民都以过节的方式来庆祝这个回归祖国的日子。海峡两岸人民 50 年的奋斗、50 年的流血牺牲才换来这一天，台湾人民 50 年的期盼、50 年的抗争才迎来这一天。

今天，在台湾回归后又分离的日子里，我们怎能忘记那血与泪的 50 年！一家之痛，莫过于骨肉分离；一国之哀，莫过于国土被割。近代中国，人民承受的国家分裂、同胞分离的痛苦实在太多，但其中时间最长、痛苦最深者，莫过于台湾的分离。

1895 年，一纸《马关条约》将辽东半岛、台湾和澎湖列岛从祖国的版图上分割出去，成为祖国母亲身上血淋淋的伤口、中国人民心头难以隐忍的永远的痛。

1896 年仲春，这时本是阳光明媚、鸟语花香的季节，但神州大地风雨如晦，人们无心欣赏春光美景，因为台湾的割离使人们积愤难遣。身在祖国大陆的台湾爱国诗人丘逢甲愁愤难忍，面向日寇占据的台湾挥泪痛哭，写下了《春愁》：

春愁难遣强看山，往事惊心泪欲潸。
四百万人同一哭，去年今日割台湾。

祖国儿女对祖国的情感是真挚的，骨肉同胞对祖国不幸的感受都是一样的。此时，奔走在湖南和北京间、忙于变法图强的谭嗣同，怀着对国事的忧虑和悲愤，也写下了与丘逢甲《春愁》一样的诗《有感一章》：

世间无物抵春愁，合向苍冥一哭休。
四万万人齐下泪，天涯何处是神州。

丘逢甲

谭嗣同

黄遵宪

祖国是儿女的母亲，是子孙赖以生长的家园。祖国被肢解、家园被侵占，使每一个儿女心如刀绞。也是在这个时候，著名诗人黄遵宪给梁启超的一首泣血诗作《赠梁任父同年》，代表了当时每一个爱国者对割地赔款的悲愤和痛苦：

寸寸山河寸寸金，侉离分裂力谁任。
杜鹃再拜忧天泪，精卫无穷填海心。

台湾在流血，大陆在流泪。台湾啊！台湾人民为你的被迫离开在哭，祖国大陆为你的无奈分离在愁，那汹涌的海水莫不是台湾儿女心头滴下的血？那浅浅的海峡中流淌的莫不是两岸人民的泪？那海峡中座座岛屿莫不是精卫填海的石？

清政府将台湾强行割让给日本，但台湾人民不愿脱离祖国，他们像失去母亲的孩子，喊出了“吾政府可欺，而吾民不可欺，台湾绅民万姓不服，誓不臣倭”的口号。为了回归祖国，他们进行着不屈不挠的抗争，“岛中义士依然在，伏腊年年奉汉家。”（丘逢甲语）在日本占领台湾的半个多世纪里，规模较人的反日武装斗争就有20多次；在历次反日斗争中，牺牲者达65万人；至于平时被迫害而惨死者，仅在被日寇占领的最初10年间就有50万人以上。中国人民抗战，其中包括收复台湾，中国人民就牺牲了3500万人。

血浓于水，泪比水咸。台湾虽沦于敌手，但祖国人民收复领土的行动一天也未停止。为了台湾的回归，孙中山曾三次到台湾，无数同胞为了台湾回归牺牲了自己的生命。孙中山的使者、台湾同盟会支部的主持人罗福星，为宣传革命、组织起义抗日而被日寇绞杀。就义前，他大义凛然，慷慨陈词：“不死于家，永为子孙纪念；而

死于台湾，永为台民纪念。”罗福星被台湾人民誉为民族英雄，那些为祖国统一而牺牲的烈士英名将同样永载中华革命史册。

台湾沦于敌手后，日本人统治手段之残酷在世界上是罕见的，其中政治上的高压与文化上的奴化到了登峰造极的地步：日本人强迫台湾同胞学日文、说日本话、取日本名、过日本节、敬日本神……生活要“皇民化”（现在台独分子的所谓“去中国化”也在学当时日本人的做法），无所不用其极。但台湾人民身体里流着的是华夏血，胸膛里跳动着的是中国心，日本侵略者的愿望成了空想。正如台湾义勇队队长李友邦所说：“日寇竭死力以奴化，务使忘其祖国以永久奴役于日人，然台人眷念祖国的深情，实与日俱增，时间愈久，其情愈殷，是并未尝有时刻的忘却过。”从成立同盟会到辛亥革命，从五四运动到抗日战争，两岸人民心心相印，祖国的每一项变革都有台胞参加，祖国前进的每一个步伐台胞都紧紧相随。

台湾自古以来就是中国的领土，千百年来舟楫往返、血肉相连。当西方某些国家还处在部落群体状态的时候，中国中央政府就在台湾设立了行政管理机构。但世界发展到 17 世纪初叶，中国还在封建社会的轨道上转圈，在农耕社会徘徊，而西方列强凭着坚船利舰，屡屡染指台湾，中国的不肖之徒也干些分裂的勾当。但是，祖国人民收复台湾、统一祖国的斗争一天也未停止。

中国第一次收复台湾是 1661 年郑成功所为。郑成功最初的目的不过是想为南明小朝廷在台湾建立反清基地，在清朝中央政权已经建立、明朝气数已尽的情况下，他们的行动不过是前朝余音。郑成功本人仅是南明小朝廷下的一个将军，但他在侵略者面前代表的是中国，他认为外国人占领台湾是非法的，中国的领土应该归还给中国，苟利国家，义无反顾。他义正词严地对荷兰侵略者说：“台湾者，中国之土地也，久为贵国所据，今余既来索，则地当归我。”

台湾在郑成功手中回归到中国，是千年不朽的伟业。英雄勿论出身，要看他的功绩；富贵不计财产，要看他代表的利益。一个人如果站在维护祖国利益的立场上，他也就高大了起来。如果没有郑成功从外国殖民者手里收复台湾，就没有尔后的清政府统一台湾。在收复台湾的问题上，在祖国的利益上，郑成功不愧是民族英雄，他的爱国主义精神在海峡两岸都受到称颂。

郑成功的伟业是从荷兰侵略者的手中收复台湾，而施琅的功绩则是统一了台湾，使台湾归入祖国的版图之内，并提议镇守台湾、管理台湾。和郑成功一样，施琅也是一个杰出的爱国主义者，是永垂不朽的民族英雄。

郑成功、施琅之后，为台湾回归而奋斗、而牺牲的两岸同胞不知凡几，他们有的率众搏杀，深入人心，青史留名；有的奋起一击，化为杜鹃，染红山崖。成也罢，败也罢，功名显赫也罢，默默无闻也罢，都是为了祖国的统一，他们的英名都刻印在两岸人民的心中，都表现了中国人民不屈不挠的意志，不达统一的目的誓不罢休的精神。

卢沟桥的炮声，激起了中国人民的抗战热潮，也使收复台湾成为中国人民奋斗的目标。1940 年 4 月上旬，在重庆召开的国民参政会第一届第五次大会上，福建籍参政员宋渊源，联合胡景伊、褚辅成、董必武、张澜、许德珩等 26 人，一起向大会提交了《策进台湾朝鲜革命使敌益速崩溃案》，主要内容是：既然中国与日本为交战国，就应马上宣布《马关条约》无效，并准备收复台湾。

1941 年，一位叫斋藤的日本士兵在湖南参加作战，相隔一条河与中国部队对峙。一天，斋藤到小河边洗水果，装着水果的汽油桶不小心被水冲走，斋藤跟在后面追，却发现汽油桶漂向了对岸。这时，他看到对岸有个正在洗澡的中国兵，双方大吃一惊，因为都

没带枪，谁也没法射击。洗澡的中国兵慢慢站起来，拾起汽油桶，取出水果咬了一口，然后向后面的树林退去。这个日本兵鬼使神差地用日语问了一句："好吃吗？"没想到这位中国兵用日语回答道："谢谢！"战场上没有武器，军人都恢复了普通人常态。于是，两位赤手空拳的士兵开始了对话。

听出来这不是一个普通的中国兵，而是一个下级军官或士官，出于好奇，这个日本兵继续问道："你们过得怎么样？发的钱多吗？"中国兵停下脚步，耸耸肩说："好几个月没有发到饷。"也许觉得这个日本兵很有趣，他又补充道："日子不好过啊！有督战队，不好好打仗可能被自己人打死。"沉默了一下，他接着说："那样我就看不到夺回台湾了，看不到占领大阪，也看不到占领东京了，多遗憾！"说完，他带着汽油桶慢慢走入树林中。这个日本兵惊骇莫名，呆呆地站在原地许久。

抗日战争有不少大学生从军，"十万青年十万军"的说法就是例证，会说日语的士兵，虽然不会太多，但也不足为奇。这个青年军人将收复台湾放在第一位，占领大阪与东京放在其次，在烽火连天、生死无定的战争中，收复台湾可是每一个中国人念念不忘的共同心愿与志向。

在一次海外的抗日战争学术讨论会上，一位青年问台湾的"中研院院士"许倬云，中国抗日付出这么大的代价，意义究竟何在，许院士回答："中国争到了国格。国格是一个国家对本身肯定的一番自觉，及一份由此而生的尊严与自重。"接着，他又极带感情地说："这是百年屈辱后，中国咬着牙吞着血拼出来的国格。"没有胜利，就没有国格；没有统一，国格也要打折扣，争取统一是每一个中国人的责任与自觉。因此，1945 年 10 月 25 日的台湾光复，无疑是中国历史上极具意义并值得纪念的一件盛事。

林献堂

甲午战争后，日本占领台湾，得到了莫大的利益，这也使它的侵略扩张野心急剧膨胀，尔后连续不断地发动侵华战争，继而发动太平洋战争，向世界和平挑战。因此可以说，第二次世界大战是从日本侵略中国开始的，中国受害的时间最长、损失最大，抗战的时间也最长、牺牲也最大。中国人民不屈不挠的斗争，就是为了打败日本侵略者，收复包括台湾在内的中国领土。中国人民的英勇斗争精神震撼了世界，也感动了世界，因而才有同盟国率先废除不平等的条约，订立新约；才有具有国际法效力的《开罗宣言》和《波茨坦公告》。台湾是中国领土不可分割的一部分，这是得到国际法认可的，也是国际上公认的。谁要想将台湾从中国的版图上分割出去，

不仅是对无数为台湾回归祖国而牺牲的烈士的背叛，也是违反国际法的，是对世界公理的挑战。

在纪念台湾光复70周年的时候，我们不能不提到一个特殊人物，他就是林献堂。林献堂与无数武装反抗日本占领的志士不同，他主张以非武力的手段“谋求台湾人的出路”，与日本人合作成立了“台湾同化会”等组织。为了“台人应予以与日人同等待遇”，“要求台人像日本人一样对日本国家尽其忠诚和义务”，他四处奔走，向日本人请愿、建议，但日本殖民者要求的是后者，对于前者根本不答应，林献堂是在与虎谋皮。他回祖国大陆时讲了一句“我们回到了祖国”，竟遭到日本人的殴辱，罚他交出财产，逼他辞去职务。林献堂为台湾人谋到出路了吗？他在诗作《六十述怀》中这样说：“奔走三十年，此心徒自赤。问君何所得，所得双鬓白。”

在日本人的奴役下，台湾人只能是二、三等或者等外公民。林献堂在日本人统治台湾时期是做过官的，他看够了日本人冷酷傲慢的脸，饱尝了失去祖国、做亡国奴的滋味。

经过分离之苦的人，才知道团圆的幸福；曾经失去祖国的人，才知道祖国大家庭的温暖。1946年8月，林献堂作为“台湾光复致敬团”成员，赴上海、南京、西安、镇江、无锡、苏州等地考察观光。在西安，他代表致敬团发表了“告别陕西同胞”的讲话，他说：“台湾沦陷51年，同胞饱尝亡国痛苦。痛定思痛，所以对国族倍感可爱，希望国家强盛、民族繁荣的心情比国内同胞或且有更来得深刻之处。650万台胞，不但在敌人统治下无时或忘祖国，对于祖国数十年来的内忧外患尤极关切，光复后已觉有可爱护的国家、可尽忠的民族，所以对于国家民族的前途，莫不极度感奋，愿尽其所能以图报效。”这是一个曾经失去祖国而又回到祖国的同胞的心里话，这是一个饱经沧桑的老人的肺腑之言。现今台湾某些怀有独立迷梦

的人不妨醒一醒，读一读林献堂的这番话。

让我们记住这一天——1945 年 10 月 25 日。

我们更期盼着那一天——台湾回归祖国，祖国统一！

【一】

两岸骨肉根连根 海盗垂涎强侵占

台湾自古以来就是中国领土的一部分，千百年来舟楫往返、血肉相连。自十七世纪开始，列强相继侵犯台湾。面对荷兰殖民者的压榨与掠夺，郭怀一聚众举行反荷起义，他对民众说：『诸君为红毛所虐，不久相率死。然死等耳，计不如一战，战而胜，台湾为我所有，否则惟一死。』

宝岛台湾位于祖国大陆东南方太平洋的绿波碧浪中，它北接东海，南连南海，西靠祖国大陆，处于中国大陆海岸线的中央，战略地位十分重要。清康熙时收复台湾的名将施琅指出，台湾“沃野千里，粮食匪缺。上通日本，下达吕宋、广南等处，火药军器之需，布帛服用之物，贸易备俱，兼彼处林木丛深，堪于采造舟楫”。

台湾自古以来就是中国神圣领土不可分割的一部分。地理学家认为，台湾远古与祖国大陆陆地相连，由于地质的变化，沧海桑田，台湾才成为中国大陆架上的岛屿，因此海峡中没有深深的海沟，也没有滔天的巨浪。每年无台风日，海峡上舟楫往返，渔歌互答，完全是中国的海湾。

台湾同胞是祖国大家庭中的一员，据考证，台湾古人类来源于大陆。著名历史学家翦伯赞认为，台湾高山族的祖先是大陆东南地区“百越之族”的支裔。在新石器时代，祖国大陆与台湾先民之间已有密切的联系与往来。春秋战国时期，越人大量迁移台湾。公元3世纪，台湾开始与大陆封建王朝接触。东吴黄龙二年（230），孙权派卫温、诸葛直率将士万人渡海到达夷州（今台湾）。此后，祖国大陆与台湾的联系不断加深。隋朝时称台湾为“琉球”，隋炀帝曾经派陈棱、张镇周率领万余人到达该地。唐朝时，台湾岛和澎湖列岛一起归岭南节度使管辖。13世纪末，元朝在澎湖设巡检司，专门管辖澎湖和台湾。一水之隔，轻舟可渡，哥在大陆，弟在台湾。“半屏山，半屏山，一半在大陆，一半在台湾。”两岸一家亲，有割不断的血脉。

但自从西方列强东犯以来，台湾的安宁就被打破了。

明朝万历年间，南中国海碧波万顷，海鸥翔集，银鳞跳跃，几艘葡萄牙船向东航行。由于漂泊多日，淡水告罄，船上的海员无心欣赏南中国海的美景，他们个个像晒蔫的草，无精打采，船几乎是

雨色空蒙、绿色醉人的阿里山茶场

在随波逐流。忽然，有人发现远处海平线上有一海市蜃楼般的岛屿，便高声叫了起来："我们有救了！"他们兴奋地向岛屿驶去，只见面前是一座美丽异常的岛屿，碧波荡漾，银色的沙滩，树木葱茏，山峦如画，仿佛到了童话世界。这座岛屿就是台湾。有朋自远方来，不亦乐乎，岛上居民以中国的传统方式热情地招待他们，给他们灌满了淡水，备足了食物。

这是欧洲人第一次发现台湾，但自此之后，台湾的厄运接踵而至。

17世纪的荷兰，号称"海上马车夫"，明万历三十一年（1603），荷兰人就开始染指台湾，荷兰东印度公司派提督韦麻郎率舰入侵澎湖，明朝巡抚徐学聚派沈有容率兵将其驱逐。明天启二年（1622），荷兰官员列也尔率15艘武装商船侵犯广东沿海，遭到明朝军队的痛击后退回，趁澎湖守备空虚，攻占之。明朝军队乘敌立足未稳，

台湾的民居与闽南的房屋几乎是按一张图纸建造的

很快将侵略者赶出澎湖，将其收复，并在澎湖驻军 3000 余名。不久，荷兰侵略者增加兵力，在台湾的南部登陆，占领了台南等地，修筑了一座叫热兰遮（今安平）的城堡，在台湾立下了脚跟。接着，荷兰侵略者又在台南兴建了军事基地赤嵌城（今台南市）。明天启六年（1626），一支西班牙舰队在台湾基隆口的社寮岛登陆。两年后，西班牙军队分兵攻占了淡水河下游一带，将台湾北部的大部分地区置于殖民统治之下。明崇祯十五年（1642），荷兰军队北上，打败了西班牙军队，西班牙殖民势力在盘踞台湾 16 年后被驱逐出去，荷兰人独占台湾。

朋友来了有好酒，豺狼来了有猎枪！台湾人民曾经对刚刚登上台湾岛的外国人以礼相待，但当发现他们是一伙明火执仗的强盗时，便奋起抗争。最先举行反对荷兰殖民统治武装起义的是郭怀一。

郭怀一，字昆山，原为郑芝龙的部下，后留居台湾从事农垦，追随者有两三千人，多为福建、广东的移民，郭怀一被乡民举为赤嵌城附近土美村的村长。由于荷兰殖民者的残酷压榨与掠夺，人们

台南安平古堡

台南赤嵌楼

早怀怨恨。郭怀一召集村民密谋反荷起义，他激励大家说："诸君为红毛所虐，不久相率死，然死等耳，计不如一战。战而胜，台湾为我所有，否则惟一死。"群情激奋，计划在清顺治九年（1652）中秋日，乘宴请荷兰官吏及商人的机会，聚而歼之，进而夺取热兰遮。后因起义计划泄露，郭怀一被迫于旧历八月初五提前起义，率众夜袭赤嵌城。荷兰统治者惊恐万分，驻台行政长官费尔堡立即派援兵镇压。起义军因时间仓促，缺乏训练与作战经验，加上武器落后，在与敌人战斗半月之久、歼灭荷军 1000 多人后，被荷军打败。郭怀一在战斗中牺牲，其他被杀害的起义人员达 1800 人，余众在吴化龙的率领下，在欧汪（今凤山县仁寿里）坚持斗争半月之久，后被荷军镇压。这是台湾人民发动的第一次大规模的反对荷兰殖民统治的武装起义，也是收复台湾的先声，它表明任何反动势力企图分割、占领台湾的图谋是不能得逞的。郭怀一领导的起义失败后，荷兰殖民者加紧用残酷的手段巩固在台湾的殖民统治，同时大力推行传教活动，实行奴化教育。

【二】

义正驱红夷 统一铭青史

中国第一次收复台湾，是一六六一年郑成功所为。尽管他只是南明小朝廷下的一个将军，但他代表的是中国，他认为外国人占领台湾是非法的，中国的领土应该归还给中国，荷利国家，义无反顾。他义正词严地对荷兰侵略者说：『台湾者，中国之土地也，久为贵国所据，今余既来索，则地当归我。』

17世纪中叶，世界酝酿着一场巨变，欧洲国家正在进行工业革命，积蓄力量向海外扩张；中国也在变化，封建社会的宫廷内讧与改朝换代不断演进。西方列强的扩张与中国封建统治者的蜕变，都与台湾息息相关，祖国的每一变化都关系到台湾的命运。

1644年，李自成领导的农民起义军冲进明王朝的统治中心——北京，李自成的屁股在金銮殿的龙椅上还没坐热，八旗兵的金戈铁骑就在明降将吴三桂的引领下冲进关内。李自成仓皇退出北京，明朝的残余势力也退到江南，相继建立起弘光、隆武、永历几个南明政权，尚存一息。

清朝大军压境，迫使明朝的将相面临着抉择，明朝的都督郑芝龙在清军南下时于福州拥戴唐王朱聿键称帝，建立了隆武政权。郑芝龙就是郑成功的父亲。郑成功原名郑森，字大木，其母是日本人，名田川氏。由于郑芝龙的苦力支撑，南明的小朝廷才得以延续，因此隆武帝对郑氏父子以礼相待，对郑成功很是器重，赐他姓朱，改名“成功”，封为御营中军都督。但为时不久，迫于清军的重兵镇压，父亲郑芝龙投降了清军，儿子郑成功拒绝了清朝的劝诱，与他父亲分道扬镳，在东南沿海坚持抗清。

清政府为了镇压以郑成功为代表的反清力量，采取了断绝饷源与兵源的办法，对东南沿海实行迁海政策，下令将浙江、福建、广东等沿海居民内迁三十至五十里，货物不得超越界线。郑成功在东南沿海的活动越来越困难，形势迫使他寻求新的抗清基地。清顺治十五年（1658），曾在荷兰殖民者手下任通事（翻译）的何廷斌从台湾逃回厦门，投

郑成功

台南郑成功雕像

到郑成功麾下。何廷斌对台湾的形势非常熟悉，他向郑成功献上一幅地图，说："公何不取台湾？台湾物丰景美，横绝大海，四通外洋。……取其财足以养兵，蕃（高山族）受红夷（荷兰人）凌辱，每欲反噬久矣。以公威临之，如使狼驱羊群也。"

这个计策听起来完美，实施起来谈何容易，对于这支处境艰难的军队来说，进攻台湾一旦失利，后果不堪设想。但郑成功却认为，"此常俗不见，不足用于今日"。他静观时局的变化，做起了进攻台湾的准备。

1661年（清顺治十八年）3月23日，郑成功乘清顺治帝去世、清军暂时无暇征战之机，留儿子郑经驻守金门、厦门，自己指挥25000人从金门出发，向台湾进军。4月1日，郑成功的大军抵达台湾海面。当时荷兰侵略者以为清朝政府尚未统一大陆，又值顺治帝死亡之际，没有进攻台湾的能力。但是出乎意料，郑成功的舰队突然出现在他们看来不可能登陆的地方。荷兰人的一名上尉指挥一小股部队企图抵抗，顷刻间就被郑成功的部队消灭掉了，荷兰的兵舰"赫克托"号赶来增援，郑成功的舰队一阵炮火将其击沉。赤嵌城和热兰遮城之间的联系很快被郑成功的部队切断了。

荷兰殖民军不敢与郑军交战，龟缩在据点里等待援军。郑成功指挥部队继续进攻，不几日，赤嵌城的荷兰殖民军难以支持，挂出白旗向郑成功乞降，这时热兰遮城也被郑成功的部队团团围住。荷兰驻台湾总督揆一致信郑成功，表示愿送白银10万两，条件是郑成功的部队退出台湾。这一要求遭到郑成功的断然拒绝，郑成功复信道："台湾者，中国之土地也，久为贵国所据，今余既来索，则地当归我。"

不久荷兰的增援舰队自爪哇抵达台湾，热兰遮城的荷兰守军反攻。郑成功指挥部队奋勇作战，击沉荷兰战舰两艘。荷兰军队再次

败在郑成功的手下，增援部队大败逃回，热兰遮的守军亦再次缩回城内据守。同年12月，郑成功从城内民众的口中得知殖民军已死伤大半，士气低落，于是向热兰遮发起声势浩大的进攻。激战中，热兰遮的炮台被炮火摧毁，城堡危在旦夕。荷兰殖民者的台湾总督向郑成功乞降。

受降仪式在热兰遮城下举行。中国军队军容严整，旌旗猎猎，声威赫赫。揆一向郑成功亲手献上投降书，郑成功向其重申："台湾者，早为中国所经营，中国之土地也。""此地先人故物。今珍宝听尔（荷兰人）载归，地乃归我。"郑成功准揆一及其残部携带珍宝辎重离开台湾。据史书记载，"揆一泣谢，率残兵500名，归荷兰"。寥寥数语，将侵略者失败后狼狈不堪的窘态刻画得惟妙惟肖。

历史记载着这一天——1661年12月23日，荷兰殖民者在台湾的殖民统治结束了，台湾重新回到祖国的怀抱！这是中国人民第

位于台南安平的热兰遮城

福建厦门鼓浪屿上的郑成功雕像

一次光复台湾。

郑成功是作为一个中国人、一个中国的将领来收复台湾的，他认为台湾的主人是中国人、不是荷兰人，祖国的领土，他有权收复，因此，郑成功的行动顺天意、得民心。郑成功的部队在台湾登陆后，受到当地高山族和汉族百姓的热烈欢迎，高山族四社“男女壶浆，迎者塞道”，“土番头目俱来迎附”。郑成功对高山族同胞与汉人一视同仁，当高山族人向郑成功献上黄金与泥土时，郑成功收下泥土而不收黄金，表示祖国的好山河寸土不让，他要收回台湾这块中国的国土，充分表现了爱国主义的精神。

【三二】

跨海征战入版图 耕凿从今九壤同

郑成功的伟业是从荷兰侵略者的手中收复了台湾，施琅的功绩则是统一了台湾，使台湾归入祖国的版图之内，而且建议镇守台湾、管理台湾。和郑成功一样，施琅也是一个杰出的爱国主义者、永垂不朽的民族英雄。

郑成功收复台湾后，在台湾设府县、定官职、兴学校，令军队进行屯垦，寓兵于农，且耕且守，并派人向高山族同胞传授耕作技术，为他们提供铁制农具与耕牛，帮助他们发展农业。同时，他还与东南亚国家和日本发展互利贸易。

但是，郑成功在收复台湾的第二年就去世了，其子郑经继任后立即变脸，声称台湾不属于中国的版图。由于郑经背叛了郑成功的初衷，郑氏家族产生了内讧，衰相毕露，而当初被驱逐出台湾的荷兰殖民者乘机插手清廷与郑氏政权间的斗争，企图找机会卷土重来。这时清廷内部曾对是否进军台湾进行过争论，康熙七年（1668），靖海将军施琅密奏朝廷，建议乘郑氏集团不稳之机进攻台湾。康熙皇帝对进军台湾的建议很重视，专门召见施琅到北京询问进军的方略，但因时机没有成熟，事情被搁置。

康熙二十年（1681）是清廷解决台湾问题的关键一年。这一年郑经病死，其子在争夺继承权时互相残杀，人心不稳，即“贼势内乱，机实可乘”。大臣姚启圣向康熙奏称：“郑经已伏冥诉诛，长子缢死，冯侍卫自立其婿，乃天亡海贼之时也。”同年五月，定远平寇大将军贝子彭率军进抵昆明城下，平定三藩之乱，即将取得全胜。于是，康熙皇帝决心解决台湾问题，施琅被任命为福建水师提督，前往福建加紧训练水军，做好进攻台湾的准备。

康熙二十一年（1682）四月，给事中孙蕙奏称，征台湾之事宜缓，因为天空出现彗星，用兵不吉利。户部尚书梁清标奏称，天下太平，凡事不宜开端，当以安静为主，身为天子的康熙于是下诏暂缓进军。

这一年刚过，康熙就下诏决定进攻台湾。六月十四日，施琅奉命出征，指挥水师两万余人，大小战船200余艘，由铜山起航，进取澎湖。台湾郑氏麾下的刘国轩率领兵力迎战，为防施琅登陆，在澎湖各岛要紧之处或筑炮台，或修矮墙。十六日，施琅开始进攻澎

康熙

湖，作战中，施琅右眼被铳击伤，部将蓝理受重伤，但二人仍坚持作战。二十二日，施琅在总结经验后，以一部佯攻外堑，以反郑军之势；余分三路，各路船 50 艘，施琅居中指挥，以 80 余艘为后援。双方激战，炮火石矢交攻，犹如雨点，烟火蔽天，咫尺莫辨。郑军并力死斗，清总兵官朱天贵战死，但是清军攻势不减。两军自早晨战至黄昏，郑军损失重大，势穷难支，终于战败，刘国轩乘小快船逃回台湾。经七天战斗，清军终于攻占澎湖。

清军攻克澎湖，台湾失去屏障，郑军军事力量损失惨重，“台湾兵民闻风俱各解体”，败将刘国轩首倡投降。是年农历闰六月初八，郑克塽、刘国轩遣人到施琅军前，表示愿意纳款投降。施琅指示，刘国轩、冯锡范必须前来面降，“将土地人民悉入版图”，遵制剃发，移入内地安插。但兵部却不允许，让施琅具报上去。康熙皇帝了解

施琅

此事后，决定颁敕招抚，他说："若不允其投诚，则彼或窜处外国，又生事端，不若允之为之善。"还说："朕体上天好生之心，普海内外，率俾安全。"为避免战斗伤亡，"特颁敕旨，前往开谕"，宣布"将尔等从前抗违之罪，尽行赦免。仍从优叙录，加恩安插，务令得所"。七月二十七日，郑克塽、刘国轩、冯锡范各将印册上缴施琅，向清军投降。八月十三日，施琅率水陆官兵抵达台湾鹿耳门，刘国轩、冯锡范等前来迎接。施琅"宣布皇仁"，赏赐投诚人员。由此，祖国大陆与台湾又重新统一起来。康熙封郑克塽为"汉军公"，冯锡范、刘国轩为"汉军伯"，任命刘国轩为天津总兵官，勉励其"尽职以副朕怀"。至此，台湾统一的问题圆满解决。

施琅收复台湾的捷报送达京师时，正值中秋佳节，康熙皇帝得知台湾回归祖国，心情无限喜悦，欣然命笔，写下了《中秋日闻海

清朝晚期的水师战船

刘铭传

上捷音》一首：

万里扶桑早挂弓，水犀军指岛门空。
来庭岂为修文德，柔远初非黩武功。
牙帐受降秋色外，羽林奏捷月明中。
海隅久念苍生困，耕凿从今九壤同。

这首诗表明清政府对台湾用兵、迫使台湾郑氏集团归降，不是为了以文德自饰，也不是嗜好武功，而是为了消除分裂割据，实现祖国统一，使人民安居乐业。

关于台湾统一后的管理问题，当时有人提出“弃台”说，施琅于康熙二十一年（1682）十二月二十二日上《恭陈台湾弃留疏》，驳斥了“弃台”说，有力地论证了必须“留台”“守台”。施琅首先指出，台湾“乃江、浙、闽、粤四省之左护”，故“台湾一地，虽属外岛，实关四省之要害”。施琅回溯历史教训：荷兰人占领台湾时，“红毛遂联络土番，召纳内地人民，成一海外之国，渐作边患”，后

来郑成功收复台湾，将其作为抗清基地，“窥伺南北，侵犯江、浙”，朝廷顾念甚深。因而，守台湾“便是东南之保障，永绝边海之祸患”，最后他说，对台湾“弃之必酿成大祸，留之则永固边圉”，因而台湾“断断乎不可弃”。议政王会议、众大学士一致同意施琅所请，认为必须守台湾。对于台湾的防守，施琅请于台湾设总兵一员、副将二员、参将二员、兵八千；澎湖设副将一员、兵两千，镇守其地。施琅所请亦得到议政王会议的准行。康熙皇帝也认为，台湾对海防关系重大，谕曰“台湾弃取所关甚大”，若“弃而不守，尤为不可”，决定“且置郡县”。

根据康熙皇帝的命令，清政府于康熙二十三年（1684）在台湾设一府三县，隶属福建省，设总兵一员、副将二员、参将二员、兵八千，驻防台湾；澎湖设副将一员、兵两千，镇守其地。台湾的行政建制从此与内地划一，以后又陆续增设县治。

乾隆二十五年（1760），大陆大规模向台湾移民，台湾人口由清初的20余万发展到嘉庆十六年（1811）的近200万，这也使台湾与祖国大陆的联系更加密切。光绪十一年（1885），清政府将台湾设为行省，派刘铭传为第一任巡抚，使台湾成为全国的行省之一。

刘铭传广招福建、广东等地居民迁台，进行大规模的开发，先后设立了抚垦总局、电报总局、铁路总局、军械局、通商局等，还修筑炮台、整顿防务、发展工商业、开办中西学堂、发展文化教育等，使台湾的社会、经济得以迅猛发展。同时，海峡两岸的关系也迅速发展，两岸人民不仅同根、同祖、同国，而且还同姓、同谱，骨肉相亲，血脉相连。

【四】骨肉分离天落泪 烽火遍岛不臣倭

甲午战争清朝战败，台湾被迫割让给日本。但台湾人民不愿脱离祖国，他们像失去母亲的孩子，喊出了『吾政府可欺，而吾民不可欺，台湾绅民万姓不服，誓不臣倭』的口号。

1894 年甲午战争的战败，迫使清王朝割地赔款以求自保。1895 年 4 月 17 日，两国签订的《马关条约》中规定，中国割让辽东半岛、台湾全岛及附属岛屿、澎湖列岛给日本，中国主权和领土的完整又一次遭到野蛮破坏。

消息传来，全国舆论一片大哗。4 月正值会试，在京各省举人“连日递章察院，衣冠塞途，围其长官之车，台湾举人垂涕而请命，莫不哀之”。广东举人梁启超等 81 人上书曰：“一矢未加而遽以千里之岩疆、千余万之苍黎与人者，真千古未闻，外国所无者也。……上之为国，下之为家，怀抱愤郁，迫切呼号，伏乞皇上俯察民情，深计后患，保全疆土。”户部尚书翁同龢、湖广总督张之洞等朝廷重臣同样表示反对割台。

签订《马关条约》的日本马关春帆楼内景

此时的台湾巡抚唐景崧也多次上奏，指出割台的极大危害："北辽、南台，两失其一，我均无以立国，外洋谁不生心，宇内亦必解体。……委香港与英，乃小岛耳，贻害已甚，况咽喉肩背之地？"台湾在籍户部主事丘逢甲，三次刺血上书，痛陈割台危害，希望朝廷能废约再战。但清王朝被日本侵略者的武力和欺诈所吓倒，以"宗社为重，边檄为轻"作借口，终于割台以自保。

李鸿章

签订《马关条约》和割让台湾的消息传到台北，很快就在全岛的通衢大街、市尾深巷传开了。全台同胞如“午夜暴闻轰雷，惊骇无人色，奔走相告，聚哭于市中，夜以继日，哭声达于四野”。台北人民痛心疾首，“鸣锣罢市”，拥到台湾巡抚衙门，抗议清政府的卖国罪行，表示“愿人人战死而守台，决不愿拱手而让台”；台中、台南人民发出“桑梓之地义于存亡”的誓言。海峡两岸人民的意志空前统一，广大官绅、知识分子代表人民的意志，冲破臣子不能联名越级上奏的禁令，纷纷上书朝廷，反对割台，形成了声势浩大的请愿运动。

署理台湾省巡抚唐景崧（坐者）

这时，唐景崧尚未收到北京的正式通报，闻讯后忙给北京发电询问。在此之前半个多月，由于日本乘和谈正在商讨停战问题之机袭占澎湖，又在中日停战协定中独独将台、澎排除在外，台湾居民曾预感到一只可怕的手正向台湾伸来。但他们以为，祖宗几百年辛勤开拓经营的台湾，作为八闽以及东南沿海的屏障、咽喉要地，不同于黑龙江、吉林以北人烟稀少的荒寒地带，朝廷没有将台湾视为“瓯脱”（靠近边境无足轻重的地带）而予人的道理。

但事实却摆在了面前。伴随着意外、震惊和对朝廷的极度失望，一种欲怨而不敢怨、不敢怨而实怨的情绪布满台湾人民的心头，台湾的确被割让给日本了！“全台震骇，哭声震天”，绅民百姓无不

悲愤异常。他们哭，不是为自己被迫屈服于那正向他们走来的命运，更不是为他们将成为日本统治下的奴隶，他们是在为台湾的割让，在为他们生于斯、长于斯的土地就这样被白白地送给异邦而痛哭。他们电奏清廷，抗议卖台之举，表示“吾政府可欺，而吾民不可欺，台湾绅民万姓不服，誓不臣倭”。与此同时，身居大陆的台湾同胞也在北京等全国各大都市张贴抗议书，以争取祖国各界人士的同情，共同抵抗割台，但此时的清政府已无可救药。万般无奈之下，台湾同胞决心独立抵抗，自谋出路。

这时，住在邻近府城的八芝兰、关渡、仿桥等地的一批批居民闻风而至。之后，居住在桃仔园、中坜、杨梅坜、新竹以至更远的人们也纷纷乘车赶到府城。人们自动集结起来，向抚台衙门涌去。一场反对清政府割让台湾、反对日本侵略者侵占台湾的群众运动，一场显示台湾民众意志、显示中华民族正义的群众斗争，从此开始了。

丘逢甲

这场伟大运动和斗争的最初阶段，以要求废除《马关条约》中的有关条款为目标，以向清政府请愿、抗议为斗争形式。这场群众运动的领袖是丘逢甲。

丘逢甲，字仙根，祖籍嘉应州镇平（今广东蕉岭），曾祖父时始迁来台湾，定居于苗栗县铜锣湾。丘逢甲的祖父、父亲都是读书人，他本人亦有“才子”的称号，曾考中清举人、进士，被光绪皇帝召为工部主事，留在北京做官。但他看不惯官场的腐败，不久辞官回到台湾，从事《台湾通志》的编纂工作，后在台南、台中、嘉

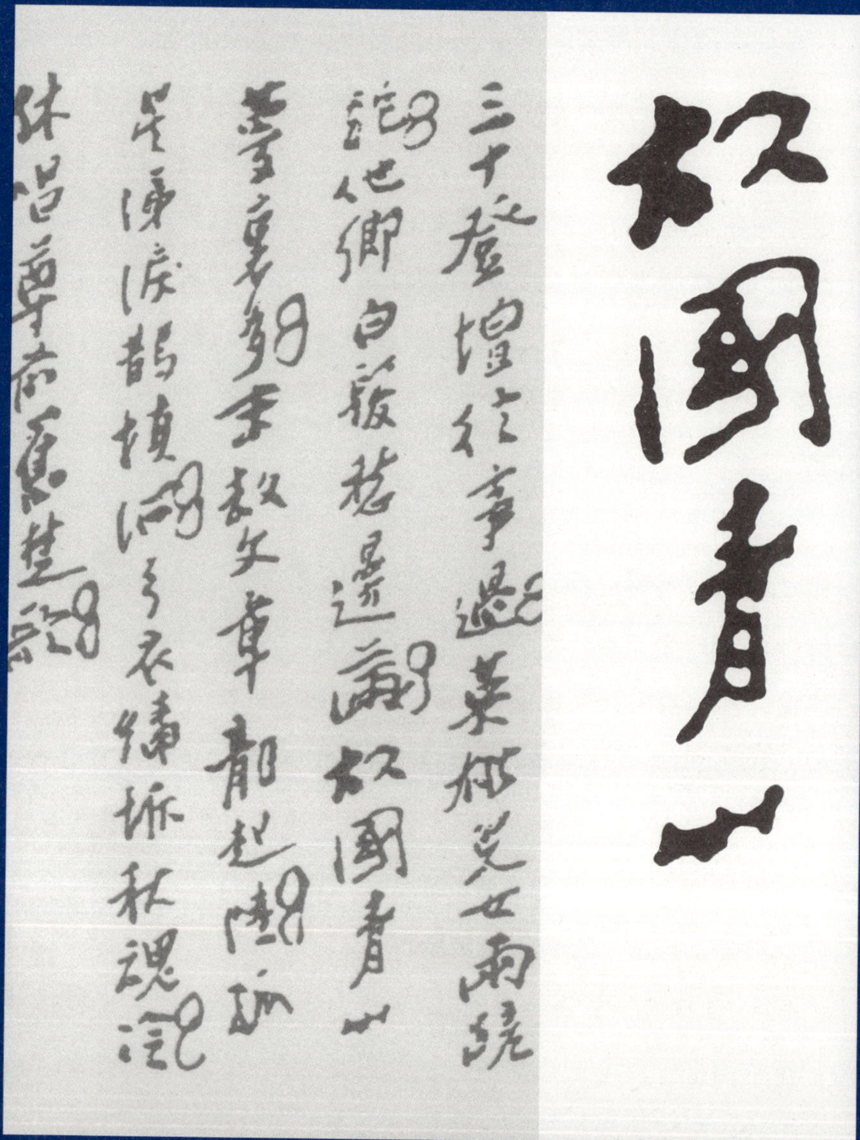

丘逢甲手迹《故国青山》

义等地的书院任教席和山长，过着“归隐南亩”的生活。这期间，他往来于台湾南北，足迹所至，怀着热爱家乡的心情吟咏各地山水，把一幅幅独特的台湾风光画留给了世人。

当日本刚在朝鲜挑起战端时，丘逢甲就敏锐地预感到日本必将乘机侵略台湾，他叹息说：“天下自此多事矣。日人野心勃勃，久垂涎于此地，彼讵能恝然置之乎矣？”于是他结束归隐生活，在家乡组织团练以备战守。他对大家说：“吾台民孤悬海外，去朝廷远，不啻瓯脱，朝廷之爱吾台，曷若吾台民之自爱？官兵又不尽足恃，脱一旦变生不测，朝廷遑复顾吾台？惟吾台人自为战、家自为守耳。否则，祸至无日，祖宗陵墓之地，掷诸无何有之乡，或侪其何以为家耶？”

4 月 18 日，群众聚集于巡抚衙署东西辕门两侧，齐声表达反对割台的强烈意愿。丘逢甲刺指血书《拒倭守土》，以“丘逢甲率全台绅民”的名义致电北京朝廷，电文说：“自闻警以来，台民慨输饷械，不顾身家，无负朝廷。列圣深仁厚泽二百余年所以养人心士气，正为我皇上今日之用，何忍一旦弃之？”“臣等桑梓之地，义与存亡，愿与抚台誓死守御。”“如倭酋来收台湾，台民惟有开仗。”“设战而不胜，请俟臣等死后再言割地。”此宣言当日由唐景崧转发总署，再由总署转呈光绪帝。

4 月 19 日晨，总署对唐景崧 17 日询问情况一电的复电发到台湾，正式通报了台湾割让的事。愤怒的群众再次聚集巡抚衙署门外以示抗议，要求唐景崧领导台民固守台湾。各城和艋舺、大稻埕的各方代表齐集全台团练总局会商，除决定电约台中、台南各地投入反割台的斗争、共同行动外，还决议，为了表示对这一电文的抗议，为了进一步显示台民的意志和决心，台北全城于次日“闭市”（即罢市）。

4月20日，在一片撼天动地的锣声中，台北全城宣告罢市。绅民前往巡抚衙署，要求转达他们的抗议，愤激的人们再次坚定表达了他们誓死保卫台湾、不愿脱离祖国的决心。除相约朝廷如不同意改约就“抗缴厘金”外，人们还激动地喊出“禁各盐馆售盐，饷银不准运出，制造局不准停工……留为军民拒倭之用”的口号。之后，各城居民又在各自的聚会地点集会，力求扩大影响。在各聚会地点、各主要街道上，台胞们张贴出“揭帖”（即标语），如“与其生为降虏，不如死为义民”“愿人人战死而失台，决不愿拱手而让台”等等。

《马关条约》签订后，日本军队气势汹汹地向台湾扑来。台湾当时共驻有清军33000余人，其中台湾北部13000人，中部约12000人，南部约8000人。台湾各地民众已广泛组织起来，或千人或数百人一股的义军在台遍地兴起，其中最主要的为徐骧、姜绍祖等指挥的义军。台湾富商宦室纷纷倾资购枪械，广东人吴国华、庞大斌等也组织爱国志士援台。

清王朝实行割地自保的卖国政策，并没有削弱海峡两岸人民抗敌保台的决心。留台的爱国官绅，在海峡两岸人民抗敌热情的鼓舞下，在一些大陆爱国官员的建议和支持下，建立了一个新的政权机构——“台湾民主国”，唐景崧为“民主国”大总统，丘逢甲为副总统兼全台义军统领，刘永福为大将军，林维源为议长等。

刘永福本是太平天国时期活动在广西边界一带的农民武装首领，他的部队以七星黑旗为战旗，称“黑旗军”。刘永福（1837—1917），字渊亭，广西人，20岁参加反清天地会农民起义，起义失败后，他率军流亡越南。在中法战争中，黑旗军在越南屡败法军，名声大震，战后他接受清廷的招抚，回国任南澳镇总兵。甲午战争爆发后，刘永福奉诏率黑旗军两营驻台南，帮办台湾防务。《马关条约》签订后，清廷诏令台湾的守土官撤回。刘永福在台湾人民抗

刘永福的黑旗军（画）

敌热情的鼓舞下，决定率军抗日。唐景崧电询刘永福去留，刘永福断然答复："与台存亡。"鉴于兵力单薄，他又派人到广东招募了四营。此后，黑旗军的兵员主要就从台湾本地招募了。

在马关议和的最后关头，李鸿章也曾提醒日本首相伊藤博文注意台湾人民反割台这一事实，但这个侵略者竟然狂妄地回答："听彼鼓噪，我自有法……中国一将治权让出，即是日本之责。"他以为台湾人民会屈服于武力，但是，当日本的舰队载着征台的近卫师团耀武扬威地在台湾登陆时，他们发现，等待他们的是一支拿着落后的武器但却用不屈的民族意志武装起来的队伍。

1895 年 5 月 11 日，日本政府任命海军大将桦山资纪伯爵为台湾总督，全权负责接收台湾。5 月 24 日，桦山由北白川宫能久亲王率领集结在旅顺，由拟用来进攻北京的日本陆军精锐近卫师团护送赴台履任。5 月 29 日，日军从台湾北部发动进攻，日军近卫师团在基隆以东的三绍湾登陆；5 月 30 日，日军在基隆以东 11 海里的澳底登陆。6 月 2 日，在海军配合下攻克基隆，旋即抢占了通往台北的隘口狮球岭，台北门户洞开。

桦山资纪

当狮球岭危机时，一位前线指挥官飞马来见唐景崧，报告："狮球岭亡在旦夕，非大帅督战，诸将不用命！"唐景崧将案上的令箭掷于地上，说："军令俱在，好自为之！"等这位军官从地上捡起令箭，抬头一看，唐景崧已逃之夭夭，不见踪影。唐景崧带着库银和

巡抚大印出了衙署直奔淡水，于6月6日乘德国商船逃到厦门。日军进逼，清朝官员仓皇内渡，悲愤中，丘逢甲写下了“宰相有权能割地，孤臣无力可回天”的诗句，也回到祖国大陆。6月7日，日军由汉奸接引开进台北。台北失陷后，台南绅民重建政府，推刘永福继续领导抗日并统率各路义军。黑旗军和部分台湾驻军成为抗日的骨干力量。

桦山用兵8日，仅战死士兵5人，就轻而易举地掠取了台北，于是他以为只要一师团兵力就可以平定全岛。他计划分海、陆两路进兵，南北夹击，一举消灭台南抗日政府。6月19日，近卫师团第二联队从台北启程南征，由于抗日武装一路阻滞，22日才到达新竹，但后路交通随即被切断，新竹成为孤城。25日，抗日将领姜绍祖率部600人反攻新竹，虽然最终受阻于敌之优势火力，未能突破城垣，但毙伤日军200多人。桦山得知日军受困于新竹，不得不改变作战计划，召回业已登舰南下的另一支部队，用来打通新竹交通。

7月12日，日军以主力直下中坜，另以步兵一大队进攻活跃于台北至新竹大道侧翼三峡大溪山地的抗日武装江国辉部。三峡军民诱敌深入大溪，集中主力2000人截击跟随其后的输卒600人，将其全歼，使其片轮只马不返，然后乘胜围攻大溪。大溪之敌几乎被全歼，直到援军从中坜赶到才得以解围。这一仗，是日军在侵台战争中遭到的最大一次挫败，但江国辉在作战中不幸被俘，后英勇就义。

桦山得到败讯，极为震怒，乃令留守台北的日军15000人倾巢而出，经十来天作战，才打通台北至新竹的交通。但抗日军民仍四处出击，使侵台日军处处遭受袭击。日本作家信夫清三郎在《日本外交史》中写道，当时的台湾“有全台皆兵之势”。桦山通过英

国人致书刘永福，劝他撤军，遭到刘永福严词拒绝："余奉命驻守台湾，义当与台存亡。"

8月7日，新竹日军四个联队9000人继续南下，原清军统领杨戴云率众3000在新竹以南12公里尖笔山与敌苦战8天，日军才攻破尖笔山阵地，作战中杨戴云殉难。

8月16日，日本政府为解台湾困境，不得不从我国东北调遣著名军阀乃木希典的陆军第二师团赴台增援，将其一部编成第四混成旅，由伏见亲王率领，接管台北防务，另一部由乃木希典亲自指挥加入新竹方面作战。

日军攻克重镇苗栗，直驱中部彰化。8月26日，彰化守军吴彭年部在八卦山阵地炮击到前线侦察的日指挥官一行，击伤北白川宫亲王，打死旅团长山根信成少将。山根成为日方侵台战争中战死的职衔最高的军人。彰化在苦战两天后失守，抗日将领吴彭年、姜绍祖、吴汤兴、沈仲安等多人战死。日军占领彰化后，军中疟疾流行，大量官兵染病死亡，桦山被迫搁置南进计划，命令主力驻止休整，其侦察部队一大队则向嘉义方面搜索前进，连陷云林、大林等地。

9月1日，大林民间抗日首领简精华会同嘉义守军奇袭斗六，一举突破城垣，日军仓皇溃退，这是抗日军民首次收复城市。收复云林后，简精华等部声威大震，准备乘胜进攻彰化，可惜这时台南政府财政已经枯竭，前线将士因饷械不济无法行动。10月1日，日军再陷斗六，将云林所属村镇几乎全部夷为平地，捉到壮年男子格杀勿论。日军的暴行激起当地军民的无比愤怒，此后，云林成为全岛抗日活动最激烈、坚持时间最久的地区。

但黑旗军和义军的处境也日益艰难。台湾孤悬海外，粮饷尤其是枪支弹药必须靠大陆接济，由于清政府严令禁止援台，封锁海口，大陆同胞对台湾同胞爱莫能助。刘永福派人回到大陆向各省督抚恳

求支援，但这些封疆大吏们不敢违抗清廷的命令，拒绝提供援助，台湾军民陷入孤军奋战的境地。面对告急文书，刘永福急得束手无策，仰天长叹："内地诸公误我，我误台民！"黑旗军和义军忍饥挨饿，仍浴血奋战。

日本援军陆续抵达台湾，日本大本营先后投入台湾的总兵力有八九万人之多。10月初，日军大举南侵，逐渐向台南逼近。10月7日，日军进攻嘉义，刘永福部将王德标率黑旗军主动撤出城郊阵地，退入嘉义城，将日军诱入城郊的雷区。半夜，爆炸声突然惊天动地，火光冲天，黑旗军埋设的地雷全部炸开了，日军被炸死700余人。日军集中巨炮疯狂轰击嘉义城，抗日军民伤亡惨重。经过激烈巷战之后，嘉义失守，徐骧率义军协助王德标部退守曾文溪。

曾文溪是通往台南的最后一道防线，义军和黑旗军以简陋的武器拼死抵抗日军骑兵和炮兵的猛烈进攻，台湾保卫战已到最后关头。10月10日，日军混成第四旅团在布袋嘴登陆，与南下的日军分两路逼近台南；11日，第三旅团在台湾南端枋寮登陆，从背后包抄台南；18日，日军从南北两面兵临台南城下。城中粮食和外援已断绝，守军开始溃散。

刘永福

刘永福绝望了，抗战决心发生了动摇。21日，刘永福通过英国领事欧思纳致书桦山资纪，提出愿交出全岛，但要求日军厚待百姓，不加惩罚，调集船只运送守岛官兵内渡。日方拒绝了刘永福的要求。

台南沦陷前夕，刘永福带着亲随数人在夜色中登上英国轮船"泰利士"

1886年所建的淡水沪尾炮台，台湾军民用它抗击日军

号，返回厦门。21日，日军占领台南，抗日政府被敌寇武力倾覆。

尽管台湾沦陷了，但它是经过台湾军民英勇作战、日本付出了巨大的伤亡代价才被占领的。据统计，日本政府投入超过其总数三分之一的陆军师团，联合舰队的半数舰只，另征发军夫26000人、军马9400匹，用兵近半年，战死、病死官兵和夫役4806人，才将台湾的主要城市全部占领。11月1日，日军班师回国，驻岛兵力减到一半，但侵台日酋北白川宫亲王却无法享受“凯旋的殊荣”，死在台湾的土地上，在此前三天，桦山宣布了他的死讯，称他死于疟疾，但民间传说他是在彰化督战时被人刺杀，或在八卦山受伤后不治身亡。北白川宫是日本战争史上第一位死于侵略战争的亲王。

“台湾民主国”的建立，是台湾人民在国土已遭割弃、“无天可吁、无人肯援”的情况下，企图援引“割地须经当地居民同意”的所谓国际公法来保全乡土而采取的权宜之策，其爱国之心毋庸置疑。但“民主国”官员几乎系抚署原班人马，不少人并无与台湾共存亡之心，故一旦战事不利，便纷纷逃散，因此梁启超讥以“台湾民主

日酋北白川宫能久亲王在台湾三貂角指挥作战

台湾平埔族抗日战士

“台湾民主国”所用的邮票

“台湾民主国”的黄虎旗

国，直如一笑谈”之词。“民主国”余波——台南政府的首领刘永福等人虽有抗战到底的决心，但由于孤军奋斗、军实无继、号令不一等原因，终无法有效地组织抵抗。

关于“台湾民主国”的性质、作用和历史地位，历来众说纷纭，褒贬不一。著名历史学家戚其章这样评价它：“台湾民主国既不是脱离中国而成为独立的国家，也不是另建的资产阶级民主共和国，而是一抗日保台、维护祖国领土完整的应变措施。”“它的成立，稳定了台湾的局势，形成了台湾抗敌的新体制，又是台湾义军的发动者和领导者。”从人员组成来看，“台湾民主国”是海峡两岸的官、绅、民抗日民族统一战线，它由一些著名的官绅知识分子如陈季同、丘逢甲倡议并组建起来，采用了西方资本主义国家一些政权机构的名称，如总统、议院等。可见，这些爱国的先进知识分子也试图在学习西方的政治模式，尽管只是照搬了几个名称而已。唐景崧在“台湾民主国”成立当天就电奏朝廷，表示“仍奉正朔，遥作屏藩”。刘永福的盟约也称：“变出非常，改省为国，民为自主，仍隶属清朝。”可见他们一直承认台湾仍然是中国领土不可分割的一部分。“台湾民主国”在抗击日本侵略军进犯的斗争中也的确发挥了积极的作用。

【五】驱逐倭奴 恢复中华

台湾同胞为驱逐日本占领者、回归祖国，进行了不屈不挠的抗争。在日本占领台湾的半个多世纪里，规模较大的反日武装斗争就有二十多次。在历次反日斗争中，牺牲者达六十五万人。至于平时被迫害而惨死者，仅在被日寇占领的最初十年间，就有五十万人以上。

占领台南后，日酋桦山资纪踌躇满志地宣布："如今全岛已归平定。"但他的话音未落，风起云涌的民间抗日行动便在台湾全岛兴起。

遍布全岛的民间武装的首领，大多是从内陆到岛上谋生定居、历尽艰辛将丛莽之地辟成家园的地方绅民，还有一些是留在岛上心怀故国的前清官勇。北部宜兰山区的陈秋菊、简大狮、林李成、林火旺、胡嘉猷，中部云林和温水溪地区的简精华、简义、柯铁、黄国镇，南部凤山一带的林少猫、郑吉成、蔡爱等，是其中最大的几部，他们为了保卫自己的家园免遭蹂躏，与日军进行了长达 7 年的战斗。

1895 年 12 月，日军刚刚占领台南，林大北即在宜兰、双溪顶一带起义抗日。林大北，台湾宜兰人，原为刘永福旧部，曾参加过反割台斗争。刘永福内渡厦门后，林大北召集民众，以"驱逐倭奴，恢复中华"为号召发动起义。在他的引领下，新竹的胡阿锦，台北的简大狮、陈秋菊，宜兰的胡嘉猷、林李成等，也在各处发难。他

日本侵略者将原"布政使司衙门"作为镇压人民的指挥所

们驰檄四方，号召民众报国，同时进攻台北、淡水、宜兰三城。台北、淡水因新竹之敌迅速增援得以解围，但宜兰却被林大北包围了12天，城中粮尽，日军几乎渴饿而死，直到日本政府调京都第七旅团驰援才获救。林大北在包围宜兰的时候，以一部猛袭芝生岩，杀死日教务官楫取道明等6人，后终因起义军无援军，难以支持而失败，林大北被捕，慷慨就义。

为了镇压台湾人民的反抗，1896年3月31日，日本国会通过63号法律（即“六三法”），授予台湾总督在其辖区内颁发与法律具有同等效力的律令之权力。桦山获得授权后，即发布《匪徒刑罚令》，规定对参加抗日活动或资助抗日的人一律处以死刑或长期徒刑。6月，日本著名军阀、陆军第三师团长桂太郎继桦山后出任第二任台湾总督。

6月14日，桂太郎莅职。次日，从北部南撤的抗日军简义部会同云林地方武装首领柯铁占据该地太平顶，改名“铁国山”，建号“天运”，宣誓抗日，并击毙前来讨伐的斗六守备队长。柯铁，号铁虎，台湾嘉义人，造纸工人出身。16日，台中之敌一联队深入铁国山，滥杀无辜，激起民众愤恨。27日，天运军在民众配合下大举反击，连克林圯埔、斗六，日军败退。6月下旬，日军集中台中、彰化、嘉义三处的兵力进犯太平顶，义军分几路伏击。日军死亡300余人，伤者不计其数，日中尉中村益明被俘后处死。几日后日军兵分多路进攻太平顶，柯铁率领义军转移到山中，乘机夜袭敌营，获得胜利。7月初，天运军收复彰化至嘉义大林埔之间广大地区，锋芒直逼台中。各地抗日武装也纷纷出击，中部黄国镇攻嘉义，南部郑吉成攻凤山，一时造成巨大的声势。7月10日，日军以优势兵力向天运军反攻，经一周激战，天运军放弃铁国山，向其他地区转移。斗六经日军烧杀，街市一空，伏尸累累。

占领澎湖的日军与一脸惊恐的民众在一起

日军占领新竹后，在庙宇向民众训话

桂太郎

10月14日，桂太郎调任日本陆军大臣，乃木希典出任第三任台督。乃木到任后，实行“三段警备法”，将全岛划分为三等地区，分别配置军警兵力。他同时颁布《土匪归顺条令》，宣称抗日军民一旦“归顺”，即以良民看待，一律既往不咎，给予奖赏。在这一政策诱惑下，部分抗日首领，包括简义，对前途失去信心，先后归降日本当局，但更多的人仍坚持抗日。

天运军不久在柯铁率领下回归铁国山，柯铁自号“总统”。12月12日，日军第三次讨伐云林，占据铁国山，柯铁乃率部投奔温水溪黄国镇。黄国镇乘日军攻击铁国山之机，扩张势力至嘉义。郑吉成、蔡爱也乘虚出击凤山、噍吧年。日侵铁国山后，8月转移兵力进攻温水溪。9月，温水溪各隘口相继失守，黄国镇、柯铁退据深山继续抵抗。

正当中部地区硝烟弥漫的时候，渐趋平静的北部烽火又起。《马关条约》规定，台湾居民可在两年内自行决定去留，逾期不去即视为“日本国民”。1897年5月8日，是台湾人民选择国籍期限的最后一天，这天凌晨三时，陈秋菊率部突袭台北城，深入到火车站，因日军守备严密，天明主动撤退。这是台湾人民选择这一特殊日期向日本统治者发动的一次武装示威。

日军进入乡间，搜捕抗日人员

到1897年末，日本占据台湾已经两年多，却始终无法肃清岛上的抗日武装。日本政府每年拨巨款挹注台湾财政，于是国内议论纷纷，

不少人提出据有台湾究竟有何利益，甚至有人主张将该岛以一亿日元售予法国。不可一世的日本军阀终于感到台湾更像一个烫手的山芋。当然，日本政府不会放弃已经到手的猎物。1898 年 2 月 26 日，又一著名军阀儿玉源太郎出任第四任台督。

儿玉一改前任所为，委任医学家后藤新平为民政长官，授以实际统治权。后藤深知台民不可力屈，遂制订出一套极其毒辣的诱降办法，宣布给予“归顺”的抗日军民优厚的待遇，并且表示可以亲自到对方营地洽谈，对各“大匪”则进行重点劝降。

这时，各地抗日武装在艰苦的环境中与强大的日军作战已经三年，已呈现疲惫不支之状，于是相当一部分人便在后藤这一政策诱骗下接受“招抚”。七、八月间，北部陈秋菊、简大狮、林火旺、林李成等人相继“就抚”，但中、南部抗日武装仍不为后藤所动。

对于坚持抗日的武装，后藤露出狰狞的侵略者面目，转而使用武力。1899 年 3 月，日军将全部兵力压在中、南部，抗日武装活动日益困难。不久，柯铁、黄国镇、林少猫等人在后藤同意接受他们提出的“保留部众枪械，仍居住原活动地区，自行征收赋税，日军不得进入”等条件后归顺。当时，日本国内及督府不少人反对接受这些条件，台南知事木下则道出了后藤真意：“为了成功地招降土匪领导人物，所以采取这种措施，只

雾社泰雅族原住民马赫坡社头领莫那·鲁道（中）发动“雾社事件”，武装抗日，名留史册

日军利用原住民之间的传统仇恨，武装其他原住民镇压雾社起义的抗日者

日军利用原住民之间的矛盾，鼓动自相残杀。图为日军镇压太鲁阁原住民时，利用少数原住民打先锋，攻击原住民部落

要其真正投降，那些条件即有如空文。”

林火旺、林李成、简大狮等人“就抚”不到两年，因不堪官吏压迫、日商欺诈，在国内义和团运动鼓舞下，先后再度起兵抗日，但得不到民众的信任和支持，队伍很快被击溃。1900 年 3 月，林火旺、林李成在战斗中阵亡，简大狮逃亡厦门，后被引渡回台湾，被日本侵略者绞死。同年 2 月，柯铁病故。5 月，日军乘机进攻铁国山，简水寿率部继续展开游击战。

1901 年 6 月 6 日，云林抗日队伍袭击斗六以西 20 公里的仑背警署，杀死全部警官 7 人；11 月 23 日，在业已归降的陈向义领导下，抗日义军袭击了嘉义以西 20 公里朴仔脚的民政支厅、邮政局，杀支厅长等 11 人。这两个事件震动了督府当局，于是儿玉、后藤决定将所有抗日武装，包括已经归顺者一网打尽。

12 月 23 日，儿玉以一旅团兵力同时向黄国镇、陈向义两部发动攻击。陈向义英勇战死；黄国镇突出重围，继续与日军周旋，次年 3 月全家战死山中。在云林“仑背事件”之后，日军像梳篦一样反复“扫荡”山林，抗日军弹尽粮绝，在日方甘言引诱下，再度接受招降。

1902 年 5 月 25 日，督府在斗六、林圯埔、土库、西螺、他里雾等地同时举行“归顺”仪式，与会的抗日军民共 265 人。预先埋伏在四周的大批军警突然开枪射击，

日军镇压部队进入深山，追剿莫那·鲁道

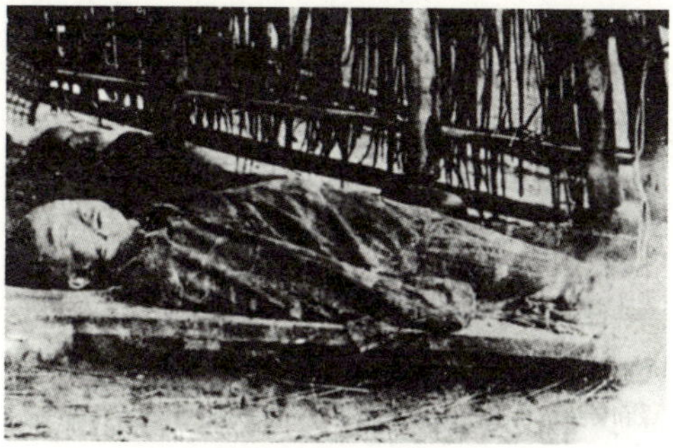

由于日军的残酷镇压，台湾的抗日活动归于失败。图为高雄抗日英雄林少猫的遗体

仅简水寿一人逃脱，其他归顺的军民全部遇难。然后，日军再度入山搜剿。8月，简水寿被捕牺牲，坚持7年之久的云林抗日活动至此被日军镇压下去。

林少猫“就抚”后居凤山后壁林，各地抗日志士纷纷来归。云林“杀降事件”次日，日军从台南秘密调集一旅团兵力，于5月30日攻打后壁林城堡，当天占据全城，林少猫在突围中阵亡。日军接着搜索附近乡村，凡与林少猫有过交往的绅民一律斩草除根。8月23日，督府宣布云林、凤山行动结束。至此，台湾民间抗日武装遭摧残殆尽，主要首领只有陈秋菊一人得以幸存。

抗日的台湾地方绅民大抵世代聚居一方，拥有土地、宗族、乡党，对自己的家园有特殊的依恋之情。在这种感情驱动下，他们以粗劣的武器和人自为战的精神与企图强占他们家园的日本侵略者进行长期苦斗，沉重打击和教训了日本统治者，充分表现了中华民族反抗外来侵略的大无畏精神。他们的抗敌活动是自发的、分散的，虽有明确的政治目的，那就是将日本人驱逐出台湾，但缺乏统一的指挥协调，加上相当一部分抗日首领不能认清日本帝国主义的本质，在当局威逼利诱下纷纷中计入彀接受招降，所以虽经艰苦卓绝的长期斗争，最后仍归于失败。

【六】

中国是我们的祖国 台湾土地是中国的土地

日本侵略者占领台湾后，强力推行『皇民化』政策，淡化台湾人民的祖国意识，篡改台湾历史。一些人在日本人的压迫下学说日本话，但这是为了生计，为了找工作方便。他们利用一切场合呼吁：『中国是我们的祖国。』『台湾的土地是中国的土地。』『台湾的民族是中国的民族。』

在拒日保台失败后，一部分回到祖国内地的台胞转而参加孙中山领导的推翻清朝封建统治的革命，并在文化上进行收复台湾的宣传工作。

丘逢甲回到祖国大陆，在广东梅县定居，从事讲学与推翻清朝封建统治的革命活动。在台湾沦陷一周年时，他满怀悲愤写下了“春愁难遣强看山，往事惊心泪欲潸。四百万人同一哭，去年今日割台湾”的诗句。为了表达收复台湾回归祖国的决心，他将幼儿伯琮更名为念台，并将“念台”作为住所的名字，同时赋诗明志：

亲友如相问，吾庐榜念台。
全输非定局，已溺有燃灰。
弃地原非策，呼天傥见哀。
十年如未死，卷土定重来。

丘逢甲在1895年至1911年的十多年中，赋诗1600余首，诗的主题就是思念台湾、收复台湾。1908年他秘密加入了同盟会，为掩护革命党人做了大量工作。1911年11月广东光复后，丘逢甲任都督府教育厅厅长，并被都督府派为代表参加上海各省代表联合会。1912年南京临时政府成立时，他被推为临时参议会议员，作为台湾的代表出席了中华民国临时政府的成立典礼。

丘念台

在日军血腥镇压台湾人民的武装斗争后，台湾人民多种形式的反

台湾沦陷后，丘逢甲内渡，在居处设“念台精舍”，对丘念台进行传统文化教育

九一八事变后，丘念台积极参加祖国的抗日活动，曾赴东北联络义勇军，图为1939年的全家合影

抗活动仍在此起彼伏地进行。日本殖民者为了使"日本国民精神""渗透到岛民（即台湾人民）生活的每一细节中去"，强制推行"皇民化运动"，规定台湾人民要使用日语，不准使用汉语；改用日本姓名，不肯更改的，公教人员要受撤职处分，一般居民则不给登记户口；强令人民的信仰和生活方式日本化等。

压迫愈重，反抗愈烈。日本殖民者的压迫使台湾人民的民族意识特别浓厚，"祖国在台文化赖以不坠，而台胞民族意识始终旺盛，数十年中华革命运动不断发生，盖亦间接接受我祖国文化之激励"。反对日本"皇民化"、从事收复台湾宣传工作的代表人物之一，就是台湾著名的爱国史学家连横。

连横，字武公，号葛陶、雅堂、剑花，台湾台南人。连家祖籍福建龙溪，清朝初年，其祖先为反抗清朝统治，迁移到台湾，到连横时已七代二百多年了。连横生于光绪四年（1878），家住在台南宁南坊的马兵营，这里原为郑成功驻兵之地。其父连永昌，"半耕半读"，很会治家，建筑了相当壮丽的住宅，古木郁苍，境绝清幽。连横自幼接受了中国传统文化的教育，他曾手写《杜少陵全集》，学诗以抒胸襟。1895年割台以后，日本殖民当局在马兵营新筑法院，连家遭毁，"危墙画栋，夷为平地"，全庄被迫迁移，对此连横赋诗曰："此恨绵绵，何时能已！"

青年时期的连横

日本占领台湾后推行"皇民化"，不少台胞以敌国之民为耻，纷纷离台。1897年，19岁的连横满怀飞出樊笼的喜悦，由台湾到上海读书，后奉母命回台完婚，先后任《台澎日报》、《台南新报》汉文部主编。1902年他来到福州参加乡试，1904年携妻带子

到厦门，与蔡佩香等筹资合办《福州日日新报》，进行反清宣传，被清政府追捕，报馆被封，被迫回台，着手撰写《台湾通史》。1911 年，连横回祖国大陆游历 3 年，曾被选为北京政府国会议员，聘为清史馆协修。为“求民族精神于不堕”，他在《台湾通史》中将台湾与祖国大陆联系之有史籍可据者，力求无一遗漏地加以引述。针对日本占领者企图以“皇民化”淡化台湾人民的祖国意识、篡改台湾历史的劣行，他说“夫史者，民族之精神，而人群之龟鉴也……国可灭，而史不可灭。”“灭人之国，必先去其史。”他秉笔直书，以史实来说明台湾是中国不可分割的一部分，以昭示世人。

1920 年至 1921 年，在日本帝国主义高压统治下的台湾，连横出版了《台湾通史》。其目的，用连横自己的话说：“余惧文献之亡，撰述《台湾通史》，今复刻此书，虽不足以资贡献，苟从此而整理之、演绎之、发扬之，民族精神赖以不坠。”

1913年到北京出任国会议员的连横

连横在书中特别推崇民族英雄郑成功，他认为台湾的立基与发展始于郑成功时期，《台湾通史》卷一“开辟纪”，主要记述台湾与祖国大陆的联系，特别是隋朝大业元年（605）以后大陆和台湾的联系。但是，该书认为台湾的“立基”始于郑成功驱逐荷兰殖民者、在台湾建立政权，作者在《台湾通史》自序中说：“台湾固无史也，荷人启之，郑氏作之，清代营之，开物成务，以立我玉基，至于今三百有余年矣。”惺惺相惜，表现了连横对民族英雄郑成功及其事业的崇敬与赞许。

《台湾通史》阐述了台湾文化和大陆文化的同一性。连横从台湾职官制度、典礼、教育、刑法设立与演变以及文学等各个方面展开叙述，认为台湾原为“荒服之地”，“至延平（郑成功）至，在职官、典礼、刑法上仿照明朝制度推行之”。

《台湾通史》“文苑列传”在叙述台湾文化和大陆文化同一性的同时，又指出有人（指日本人）欲毁灭台湾固有文化，希望台湾各族人民进行抵制。针对日本占领者毁灭中国文化的行径，他痛心疾首，说：“呜乎！文运之衰，至兹极矣！仓颉之字，孔子之书，人且唾弃，吾又何暇治文哉？夫见异思迁者，佞士之巧也；居今怀古者，笃子之勤也。诗曰：‘风雨如晦，鸡鸣不已。’当此文运绝续之时，一发千钧，为任甚重，台湾文士其有起而肩之乎？此横之所大望也。”指出日本殖民者毁灭祖国文化的危险，召唤文化同仁肩负起传承祖国传统文化的重任，抵制日本殖民者“去中国化”的行径。

《台湾通史》记录并歌颂台湾各族同胞的反割台武装斗争。1895 年反割台斗争失败以后，1895 年至 1905 年间，台湾同胞发动了七年抗日保台游击战争。此后，从 1907 年 11 月到 1915 年 4 月，先后爆发了有记载可数的 11 次武装抗日起义。1915 年以后，武装斗争仍然时起时伏。据不完全统计，50 年间，台湾各族人民牺牲于武装抗日斗争中者达 65 万人之多，这些武装斗争使日本殖民者惶惶不安，动摇了殖民统治。但是，在敌人强大的武力优势面前，这些斗争都以失败而告终。斗争虽然失败，但英雄精神不灭，连横仿照司马迁《史记》的写作手法，为抗日保台的人物作传，以垂青史。

《台湾通史》“列传八”一共包括 6 篇列传，写了 7 名反割台人士。这 6 篇列传是：“丘逢甲列传”“吴汤兴列传”“徐骧列传”“林昆冈列传”“吴彭年列传”“唐（景崧）、刘（永福）列传”。连横满怀对抗日志士的崇敬，记述了他们可歌可泣的事迹，对他们不屈不

挠的精神大加赞扬。如“徐骧列传”中记述徐骧抗日时云:“十三日,日军大举,以击(肖)三发之营。徐骧(简)精华援之,相战数日,弹丸尽,退于他里雾,日军复迫之。徐骧方食,趣诸军出,回顾曰:‘今得弹丸千,犹足以持一日夜,顾安所得者?’奋刃而前,左右数十人从之,欲伏险以击。中弹踣,跃起而呼:‘丈夫为国死,可无憾!’”又在“林昆冈列传”中记述林昆冈云:“昆冈持棉牌,握利刃,勇士数人从之,踊跃而进,日军稍却。复战于沟仔头,杀一中尉。沿途庄民亦持械拒战,忽合忽逝。二十有三日,日军大进。昆冈指天而誓曰:‘天苟不欲相余,今日一战,当先中弹而死。众皆感泣。’鸣鼓出,弹贯其胸,握刃坐,长子亦战死。越五日,庄人乃收其尸,倔强如生,年四十有五。”对抗日志士的抗日行动描写细致入微,读起来如见其人、如闻其声,令人肃然起敬。

《台湾通史》写作出版于日本帝国主义霸占下的台湾,连横冒着九死一生的危险,如此明确而且高度地赞扬抗日义士,以笔向侵略者发起抗争,对于传承祖国文化的薪火、发扬台湾各族人民的民族精神、鼓舞各族人民的反日保台的意志,是有重大作用的。

中国历来有不惧死亡、秉笔直书、记述史实的传统,鲁迅称之为“中国的脊梁”。《台湾通史》所具上述特点,反映了连横热爱祖国、恪守祖国传统文化、保存台湾文献的执着精神,著名的国学大师章太炎把它誉为是具有民族精神的“必传之作”。该书面世后,一直受到海峡两岸热爱祖国、维护祖国统一的人们的诵读。1945年抗日战争胜利以后,上海商务印书馆重版发行;1983年,北京商务印书馆再版印刷发行;1984年,台湾“国立编译馆”发行了修订校正版。

台湾各族人民开展的抗日保台斗争,包括武装斗争和非武装斗争,从各个方面沉重地打击日本殖民主义者。但是,在当时的历史

连横夫妇及子女

条件下，仅靠台湾一岛人民的斗争，台湾是不可能摆脱日本帝国主义统治的。台湾各族人民最终从日本殖民主义统治下解放出来，必须依靠祖国大陆革命的胜利。在 1945 年以前，台湾志士也已经有这个认识，不少台籍人士加入了孙中山领导的同盟会，参加了祖国的辛亥革命、五四运动和抗日战争等，为祖国的民主革命而奔走。连横当时也有这个认识，而且有行动。1929 年，连横之子连震东毕业于东京庆应大学，两年后，连横在台南对连震东说：“欲求台湾之解放，须先建设祖国。余为保存台湾文献，故不得不忍居此地。汝今已毕业，且谙国文，应回祖国效命，余与汝母将继汝而往。”1936 年在上海，连横于弥留之际又对连震东说：“今寇焰迫人，中日终必一战，光复台湾即其时也，汝其勉之。”为了表达抗日救国之心，

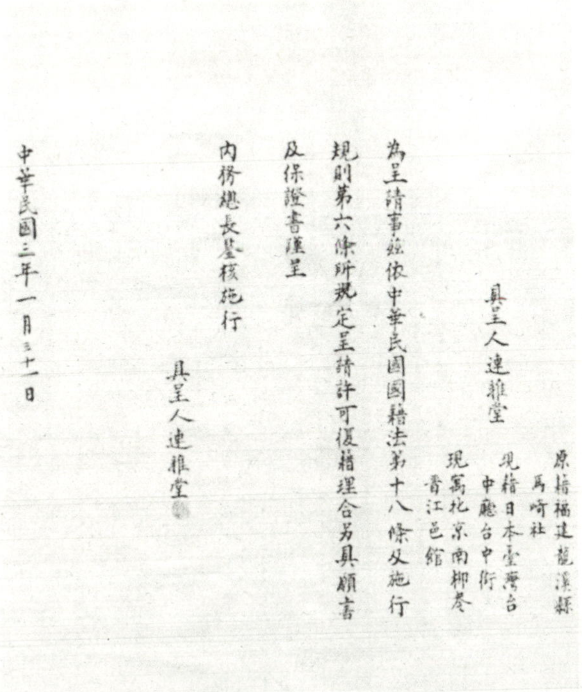
原籍福建龍溪縣
現籍日本臺灣台中廳台中街
現寓北京南柳巷晋江邑館
具呈人連雅堂
為呈請事茲依中華民國國籍法第十八條及施行規則第六條所規定呈請許可復籍理合另具願書及保證書謹呈
內務總長鑒核施行
具呈人連雅堂
中華民國三年一月三十一日

连横于1914年向北京政府内务部申请恢复中国国籍。图为连横申请国籍的呈文

他给刚刚出生的孙子起名为连战。其子连震东在祖国大陆参加了八年抗战。1945 年抗战胜利，台湾光复，连震东回台湾参加接收事宜。

台湾民众对日本的“皇民化”也进行了强有力的抵制，他们固守祖国的传统文化，坚持民族气节，尽管日本殖民者制定了严厉的标准与措施，但至 1941 年底，全岛达到日本“皇民化”标准的家庭仅有 171 户，真正改用日本姓名的台胞仅占总人口的 9%。就是改姓之人，也会打上本民族的印记，以警示本人与家庭不忘自己是中国人，如改“刘”姓为“中山”，隐含与刘备一样是汉中山靖王的后裔；改“陈”为“颍川”，因为颍川郡为古代陈姓聚居地；改“魏”为“大梁”，因为大梁是战国时期魏国的首都等。他们不少人

连横（坐者）与儿子连震东

连震东与家人

的确学会了说日本话，但仅仅是为了生计，为了找工作方便。他们利用一切场合呼吁："中国是我们的祖国。""台湾的土地是中国的土地。""台湾的民族是中国的民族。"

这一时期，台湾的知识阶层中还涌现出一大批诗人，如许南英、士诰、洪弃生等，他们纷纷结社吟诗，慷慨悲歌，或以诗言志，借以抒发对侵略者的反抗和对故国的眷念。

许南英，号蕴白或允白，又号窥园主人、留发头陀、龙马书生等，1855年10月5日生于台南西定坊武馆街。祖籍广东揭阳，明朝嘉靖中其七世祖许超因避重赋移居台湾赤嵌（即台南）。许氏在台湾居住已有四百年，其父许廷璋以教书为业，叔伯或务农或经商。

许南英6岁时搬迁至台南延平郡王祠（纪念民族英雄郑成功的祠堂）旁的马公商住宅，青年时代读书刻苦、学业大进，品格优异。24岁时，他作了塾师，并在其宅建"闻择学舍"，开馆授徒，广为交游，经常与吴樵山、丘逢甲等名士和学人往来。

许南英先后于1886年和1889年两次到北京会试，均因在试卷中陈述国家危机、评论政治得失而未被录取。一年后，中恩科会魁，授兵部车驾清吏司主事。他不愿作官，未就任，于年底回台湾，为家乡做事。因对台湾的历史变迁、风土人人情和地理沿革都了如指掌，1894年春天，台湾巡抚唐景崧聘他为台湾通志局协修，负责编撰《台湾通志》中的台南部分。

1895年日本侵略者进犯台湾时，许南英任台南筹防局统领，带领两营兵士在刘永福的指挥下积极发展抗日活动。

日军占领台南以后，鉴于许南英在地方上的威望和办事能力，日本侵略军曾致信要许为其效劳。敌人的拉拢未能得逞，便动用武力悬像搜捕他。9月5日，许南英在乡人的帮助下在安平港乘竹筏上船出离台湾。

连震东

被迫离台以后，许南英先后于厦门、汕头小住后到新加坡、泰国等地漫游。归国后先后在广州、佛山、徐闻、阳江等地任税关总办、乡试阅卷官、知县等职。

台湾是许南英生于斯、长于斯的地方，特别是台湾人民为了维护祖国的统一和完整，为了捍卫家乡和自由生活的权利而进行的反对外来侵略势力的斗争，给许南英的生活、思想和创作留下了鲜明的烙印，他的诗歌及时而鲜明地反映了台湾人民反对帝国主义侵略的正义斗争，猛烈地抨击了帝国主义的侵略罪行和清王朝的反动统治，有力地表现出炎黄子孙对于祖国统一和振兴中华的强烈向往。

许南英身在大陆，隔海眺望沦陷中的台湾，沉痛悲愤，呼天抢

许南英

许地山

地。一八九六年农历九月初三日台南沦陷一周年之际，许南英写了《丙申九月初三日有感》:

凉秋又是月初三，往事回思只自惭。
汉代衣冠遗族恨，顺昌旗帜老生谈。
血枯魂化伤春鸟，茧破丝缠未死蚕。
今日飘零游绝国，海天东望哭台南。

诗歌将思乡的愁苦和“亡国”的悲痛与未能挽救台湾危局的自责和自惭交织在一起，使愁苦和悲痛更加凝练沉重，突出地反映了诗人以天下为己任的精神。

许南英文采横溢，清风骾骨，一生无视名利，为国家投笔从戎，

押上全部身家抗日救国，其功赫赫。他教育子女去做“不好看，但有用”的落花生，其子女颇有其风范。

许南英共有七子二女。其中大儿子许赞书参加孙中山领导的同盟会，后出任厦门同盟会会长。三儿子许赞元在黄埔陆军小学毕业，又留学日本，后投身革命。许赞元自幼便加入了同盟会，1911 年，年仅 23 岁的他率领敢死队，参加了著名的黄花岗起义，进攻两广总督府。在作战中，他勇猛冲锋，英勇无畏。起义失败后，他身负重伤，侥幸脱险，成为幸存者之一，继续为护法救国事业不懈地争斗着。四子许赞祥，即留学日本的著名画家许敦谷。五子许赞堃（又名许地山），则成为现代著名作家，《落花生》一文就是出自其手，抗日战争中出任香港抗敌协会理事，为抗日救国奔走呼号，死而后已。

【七】

两岸桴鼓相应 一脉母子同体

辛亥革命激发了台湾同胞固有的民族意识，增强了他们对祖国的向心力。台籍青年与祖国大陆同胞接触，吸收新思想、新事物、新观念，并将之传播岛内，使广大台胞增强了抗日的信心，并更加关心祖国的时局。两岸桴鼓相应，始终如一，从未间断，充分反映了一脉相承、母子同体的特质。

孙中山及其革命党在进行颠覆清廷、建立民国的革命活动中，没有忘记被清廷遗弃、处于异族统治下的台湾同胞。《马关条约》的订立，台湾、澎湖被割让，是中华民族心头永远的痛，也是孙中山成立兴中会、以武装推翻清朝封建统治的一个重要原因。兴中会章程总纲中指出：“近之辱国丧师，剪藩压境，堂堂华夏不齿于邻

关注台湾回归的孙中山

邦，文物冠裳被轻于异族。有志之士，能无拊膺！”同时提出了“恢复台湾，巩固中华”的口号。因此可以说兴中会的纲领“驱除鞑虏，恢复中华，创立合众政府”包含有驱除日寇、恢复台湾的内容，孙中山把收复台湾作为国民革命的一部分，作为他毕生奋斗的目标之一。

1895 年 1 月，孙中山由美国檀香山回国，组织第一次广州武装起义。这时，台湾正在进行反对清政府割让台湾的斗争。是年 10 月广州起义失败后，孙中山派兴中会会员杨心如到台湾传播革命思想。1897 年冬至 1898 年春，革命党人陈少白怀抱“要把那里的中国人联合起来”的目的，由日本神户来到台北。他潜访良德银行司账杨心如，经其介绍相继结识了旅居台湾的大陆人良德洋行的少东吴文秀，广东大商人赵满潮、容祺年等人，并吸收赞成革命的台籍人士林震东、陈德安、陈文渫、林成木等加入兴中会。陈少白以杨心如的住宅为会所，建立了兴中会的第二个分会——兴中会台湾分会，这是资产阶级革命党人首次在台湾建立的据点，也是台湾志士与祖国革命运动相结合的始端。虽然由于当时恶劣环境的限制，兴中会台湾分会不能轰轰烈烈地直接参与祖国革命，在台湾岛内也没有更大范围地展开活动，但它尽其所能，募捐钱款支持祖国革命，充分表现了台湾志士对革命的热情和关注。

台湾抗日志士陈秋菊，曾晋见孙中山，商讨台湾的前途

1905 年 8 月，中国同盟会在东京成立，当时全国 17 省的留日学生都参加了这个革命组织，这一形势也给被割让于日本达 10 年之久的台湾同胞带来了希望的曙光。1910 年，同盟会会员王兆培来

到台北，他以在医学校修医学为名，秘密地在台籍学生中寻求志同道合者，准备在台湾建立同盟会组织。当时台南籍学生翁俊明，在同盟会革命口号的感召下毅然加入，成为该会中的第一位台籍会员。同年9月，他被派往同盟会设在漳州的机关担任交通员，负责发展台湾党务，不久建立了同盟会台湾分会。台湾分会成立后，便在岛内秘密地宣传排满、建立民国的思想，吸引了很多胸怀大志的台籍青年。1912年，会员已有30余人，会员分布也由台北医学校拓展到台湾高等学府的“国语学校”和农业试验场。这些台籍青年还组织了一个同盟会的外围团体——复元会，经常秘密集会讨论政局，研究如何光复台湾。不仅如此，他们还以实际行动支援同盟会在祖国进行的一系列革命活动，如台籍同盟会会员林薇阁和蔡法平，在1911年3月29日广州起义之前，闻知当时同盟会第14支部林文等19位同志因无差旅费无法由日本前去广州参加起义的消息后，当即慷慨解囊，捐献3000元日币，作为19位同志赴粤参加起义的旅费和购买军械的费用，使他们能如期到达广州参加起义。

罗福星祖籍广东，早年随父去台，就读于苗栗公学。他亲身体验了台胞在日本人统治下的痛苦，激发了对祖国的忧患意识。他认为要驱逐日本人在台湾的统治，首先要参加祖国革命，推翻清廷，这样才有光复台湾的希望。于是他劝祖父抛售在台湾的家产，一齐返回故乡广东。1907年，在返乡路过厦门时，他经人介绍加入了中国同盟会，结识了著名革命家黄兴和赵声。此后，他受同盟会的派遣活跃于印尼、缅甸一带，从事党务工作，为宣传同盟会的革命主张不遗余力。1911年，革命党人发动广州起

罗福星

义前，罗福星正奔走于爪哇各岛之间募捐，当接到将在广东举事的电报后，他立即组织 17 位同志到香港待命，起义当天陆续到达广州。起义中，罗福星亲率第一路同志共 30 余人随黄兴进攻督署，激战中身负重伤，后来在同志的掩护下才得以脱险。

辛亥革命的成功，使处在日本侵略者奴役下的台湾人民的革命精神为之振奋。1911 年 11 月，罗福星奉孙中山之命由福建潜返台湾，宣传革命思想，组织民众。他与刘士明、江亮能等人成立了“同盟会革命党台湾支部”，公开的名义为“华民联络会馆”。组织发展很快，不到一年又扩大为“共和联络会馆”，会员发展到数万人。罗福星时常往来于台湾中、北部，号召台胞起来推翻日人统治。他还在台中县设立革命机关，宣传民族思想，策划抗日起义。1913 年 3 月，罗福星又与台中的张火炉等召集志士、联络原住民，策划台中地方的起义，以呼应全岛共同推翻日本暴政。但这两次起义行动均因事机泄露而告流产。

1913 年 10 月，由于个别会员在摆弄枪支时失误走火，引起日本侵略者的注意，从而进行大搜查，逮捕密藏枪支的会员。接着又逮捕 8 名宣誓入会会员，导致起义事机暴露。日本帝国主义为了巩固殖民统治，出动大批军警搜捕抗日志士。在搜捕过程中，罗福星以巧妙机智的方式躲过敌人的搜捕，但敌人不甘心就此失败，缺席判处罗福星死刑。罗福星对敌人的判决采取蔑视态度，在群众掩护下继续战斗。他写下了许多鼓舞人心的战斗篇章，如《自叙》《日记》《杂录诗篇》《宣告文》《致闽都督报告》《军人手法》等，以“泰山压顶不弯腰”的豪迈壮志，表示矢志报国决心，“虽粉身碎骨，而意志仍不屈”，以“救出台民于虎口”为奋斗目标。他化装成商人、学者、侨民、军警等，活动于日本军警眼皮之下。1913 年 12 月由于叛徒告密，罗福星遭日本警察逮捕，受尽严刑拷打，仍大义凛然，

余清芳在噍吧年起义战斗失败后转入山地，大批日军与警察进行围山搜捕

誓死不屈。

经过60天的刑讯，日本侵略者一无所获，1914年12月，罗福星被施以绞刑，终年29岁。他在殉难时大义凛然，说了一段传颂两岸的名言："不死于家，永为子孙纪念；而死于台湾，永为台民纪念耳。"其爱乡爱国、大忠大义的精神，令人动容、令人敬佩，更令人怀念，实践了他生前抒发的"大好头颅谁取去，何须马革裹尸还"的豪言。

辛亥革命前后，台湾岛内爆发了12次抗日起义事件。这些抗日起义，有的是以祖国反攻为号召，但大多是在辛亥革命的胜利影响与鼓舞下发动起来的。

1907年11月14日夜，新竹北埔月眉庄27岁的青年蔡清琳（曾因抗日两次被捕）声称清军在新竹登陆，发动不堪日本压迫的隘勇等百余人树起"复中兴总裁"大旗举行起义。义军当夜攻下警察分遣所6处，杀日警及其家属24人。次日上午，又攻入北埔支厅，杀支厅长、邮政局长等57人。随后向新竹进军，途中与日军相遇，队伍被击溃，蔡清琳死于逃往番界的途中。

1912年5月，嘉义大埤头庄人黄朝、黄老钳听到辛亥革命成功的消息后，借"玄天上帝"敕令来组织群众，准备发动起义驱逐日本统治者，因事机不密而惨遭杀害。

1915年5月，由余清芳领导的抗日起义爆发。余清芳，台南长治二圆里后乡庄人，早年参加武装抗日，后任巡查补（低级警察），因反日言论被撤职回乡，主持台南西来庵斋醮，遂利用该地筹谋革命，几年后结识了另外两位志士罗俊、江定。

罗俊，嘉义他里雾人，早年参加抗日，失败后赴大陆。1914年12月潜回台湾，在台中秘密建立抗日组织，时年已花甲，壮心不已，后来遇见余清芳结为同志。

余清芳等人被捕后，由噍吧年解往台南监狱。坐在黄包车上的余清芳大义凛然

余清芳被日军杀害时，头上扣上篓子

江定，台南竹头崎庄人，1900 年参加抗日，失败后率部藏匿在蕃仔山后倔仔深山，得当地群众掩护，十多年未被当局发觉。1915 年 4 月，余清芳经人介绍入山访晤江定，请他共襄义举。两人歃血为盟，约期同时发难。

余清芳与江、罗结盟后，加紧准备起义，经常利用宗教活动宣传反抗日本统治者暴政，信徒发展到数千人。他见时机逐渐成熟，以“大明慈悲国本台征伐天下大元帅”名义发布檄文，进行最后的舆论准备。5 月底，因起义机密泄露，日军在全岛展开紧急大搜捕，罗俊被捕，余清芳入山与江定会合。

台籍志士林祖密（1877—1925）毕生追随孙中山，曾参加护法之役

7月9日，余、江率众起义，攻克甲仙埔支厅，同时拔除附近4个派出所、3个分遣所，杀官吏、警察及其眷属52人。8月2日，奔袭南江派出所，杀20多人，队伍扩大到1000多人。8月5日，围攻噍吧年，与400多日本警察激战两天，日援兵自台南赶来，起义军死伤300多人，退出战场。日军为报复抗日军民，将附近村庄居民3200人集体屠杀。在日军追击下，余、江分散行动。8月20日，余清芳被汉奸出卖，江定遁入深山。

这次起义被日本殖民者残酷地镇压了，余清芳等900多人被杀害。日本的暴行遭到国际舆论的谴责。

1911年10月9日，台湾澎湖渔民章吉辅驾驶危舟，冲破日军游弋封锁，横渡海峡投效祖国革命，其后，“继投效祖国者，日有数起”。这些人大多先后投入福建驻军孙道仁的麾下，直接协助参与了福建省的光复。如林祖密在台湾割让后就身居大陆，图谋光复

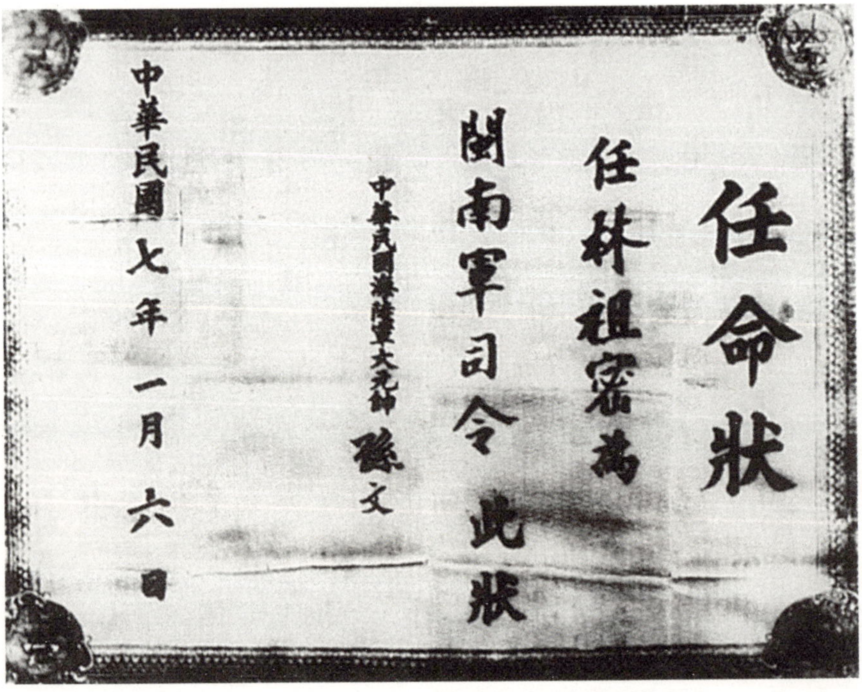
任命狀
任林祖密為
閩南軍司令 此狀
中華民國海陸軍大元帥 孫文
中華民國七年一月六日

孙中山签发的林祖密任命状

台湾，在福建光复之役中，他积极资助并亲身参加了这次起义。日本殖民者在检讨这些起义事件的文件中，承认这些起义的共同原因是台湾人中的“不平分子，对于本属施政不满。但其原因则在明治四十四年（1911）十月，所发难之清国革命（即辛亥革命）意外迅速成功，因而本属民众间弥漫革命思想有以致之，殆无疑义”。

台湾同胞的这些武装起义是祖国辛亥革命的一部分，但由于势单力薄，又得不到大陆的支援等原因，最终都失败了。

孙中山在领导中国革命的过程中，对台湾同胞的处境深表关切，他三次到台湾，其中有两次是比较重要的。第一次是在1900年9月，他在台北停留40余天，组织策应广东的惠州起义。第二次是在1913年11月，他因讨袁失败，决定到海外改组国民党，到台湾联系在台的革命志士。台湾人民轰轰烈烈反对日本占领的武装斗争，虽然被日本侵略者镇压下去了，但台湾人民始终保持着中华民族的传统精神，向往着祖国，对祖国革命成功抱有极大的希望。

国民党元老、国民政府主席林森青年时期也与台湾结下了不解之缘。

林森，字子超，原名长仁，晚年自号青芝老人，1867年3月出生于福州一个书香之家。1884年台湾省在福州招考洋务通译，17岁的林森以优异的成绩考中，被分派到台北电报局任洋务通译。林森为公事、家事来往于两岸，成为常事。1895年夏，日本占领军进犯台湾，林森与同仁组成义军，练拳脚、习刀枪，准备抗击日军，后积劳成疾住进了医院。病愈后台北已经沦陷，他不满日人的统治毅然回到福州。1898年冬，林森在福州因

林森

宣传反清、鼓吹革命而遭通缉，被迫到台湾避难。为防日本占领者认出，更名林长仁为林森。到台湾后，林森经兴中会台湾支会负责人杨心如介绍加入了兴中会，进行革命活动。1899 年秋天，林森奉孙中山之命回福州筹建福州地方兴中会。从此，林森再也没有去过台湾，可他一直将台湾作为第二故乡，台湾成为他永远割舍不去的眷念。

1943 年 5 月 10 日晚，林森在车祸卧床两个月后，生命垂危。他自知走到了生命的尽头，弥留之际，他指着墙上悬挂着的“抗战必胜”的条幅，对前来探望的蒋介石、吴铁城等人说：“重托各位，勿忘光复台湾。”他在不同场合，对不同的人，不知讲过多少遍收复台湾的事。面对林森的临终重托，蒋介石保证道：“请主席放心，台湾必归祖国怀抱，以挽赎更加于台湾省骨肉同胞之亏负。”这时林森已不能言语，气若游丝，仍不断喃喃自语：“台湾……台湾……”没有看到台湾光复，成为林森终身的遗恨。

来往同亲眷，两岸一家人。将台湾作为第二故乡者，岂止林森一人！

资产阶级民主革命家章太炎，痛恨清朝政府割让台湾的卖国行为，钦佩康有为等人“公车上书”的行动，加入了维新派的强学会，在上海《时务报》上撰文，宣传改良思想。戊戌变法失败后，他遭到清政府通缉，逃往台湾。在台期间，他先后任《台北日报》记者、《台湾日日新报》主笔，对日本占领者大加抨击，后被日本侵略者驱逐返回大陆。

在辛亥革命与五四运动的影响下，更多的台湾籍留学生在海外酝酿建立革命团体，到 19 世纪 20 年代初，已建立了数十个有影响的组织，如：在北京的台籍青年学生组建了北平台湾青年会，还与留华的朝鲜籍学生组成革命同志会；在上海先后出现了上海台湾

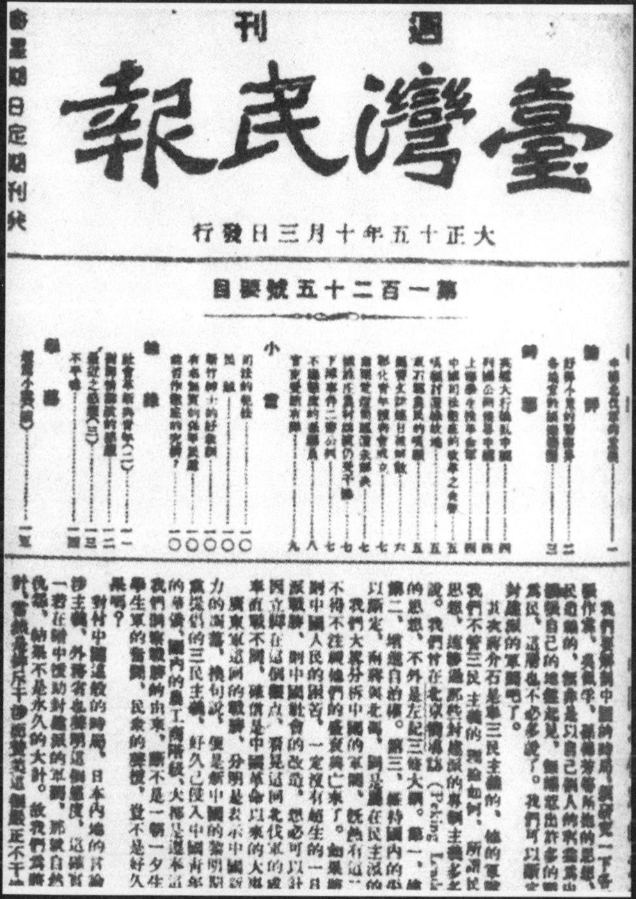
週刊
臺灣民報
每星期日定期刊行
大正十五年十月三日發行
第一百二十五號要目

《台湾民报》被称为日据时期台湾人自建的言论阵地

青年会、台湾自治会、台朝同志会；在厦门有台湾尚志社、闽南台湾学生联合会、厦门中国台湾同志会；在南京有“中台同志会”；在广东有广东台湾革命青年团。1919 年在日本东京留学的台籍有志青年联合了大陆留日学生和朝鲜籍留日学生，共同组成了革命团体声应会，目的是投身于祖国革命运动与朝鲜的独立运动中，一致从事抗日活动。

上述留学生团体的主要活动是支援祖国大陆的反帝爱国运动和台湾岛内的抗日运动。如上海台湾青年会，一方面参加上海人民的反帝爱国运动，一方面支持岛内的议会设置运动。北平台湾青年会则密切配合台湾岛内的文化协会运动和议会运动，他们还发表宣言，抗议总督府对台湾抗日人士的迫害。闽南台湾学生联合会还发行《共鸣》杂志，编演新剧，激发台胞的抗日热情。上海的台湾自治会为了加强祖国人民与台胞之间的相互了解，也做了许多有意义的工作。

辛亥革命后，海外台籍留学生的民族觉醒及其日趋活跃的抗日活动，使得台湾的抗日运动向着更广泛、更深入的层次发展。他们所从事的活动增强了祖国内地与台湾之间的相互了解，他们所建立的革命团体成为联系祖国革命与台湾抗日运动的纽带。

辛亥革命对台湾抗日运动的影响是深远的，其重要意义就在于激发了台湾同胞固有的民族意识，增强了他们对祖国的向心力。1911 年以后，赴海外留学的台籍青年骤增，他们与祖国大陆学生接触，吸收了新思想、新事物、新观念，并将之传播岛内，使广大台胞增强了抗日的信心，并更加关心祖国的局势。我们从台湾以后的抗日运动史中可以看到，自辛亥革命以后，祖国大陆每发生一次重大的革命，诸如 1919 年的五四反帝爱国运动以及之后的抗日战争，都在台湾引起强烈反响。台湾著名学者陈三井在《台湾志士与辛亥革命》一文中说：“在辛亥革命之前及以后，中国大陆革命的

运动与台湾的抗日民族运动相激相荡、桴鼓相应，可谓始终如一，从未间断，充分反映了一脉相承、母子同体的特质。”这是大陆与台湾不可分割关系最贴切的比喻和最真实的写照。

与民众的武装抗日及革命者激烈的宣传抨击不同，知识界的一些人则采取了以和平地宣传中国文化的方法唤起民众的民族意识，他们是在以另一种方式进行台湾回归的工作。林献堂是其代表。

林献堂，名大椿，谱名朝琛，号灌园，献堂为其排名，1881年10月22日出生于福建省台湾府彰化县阿罩雾庄（现台湾台中县雾峰乡）的名门望族。其父林允卿是台湾兵备道刘璈的门生，因在中法战争中立功而注叙兵部郎中，此后又加道衔。1895年台湾割让日本后，林允卿悲愤交加，乃绝意仕进，改途经商，不久便病逝香港。林献堂助其祖母主持家计，两年后，担任了雾峰区区长和台湾制麻株式会社取缔役（即董事），并开始致力于台湾地方公益事业，四面奔走，八方呼号，不遗余力为台湾谋求出路。

1907年5月，林献堂到日本游历。在东京，他寻找到了因戊戌变法失败而在此避难的梁启超，急切地求教台湾今后的出路。梁启超告以“台湾同胞应仿效爱尔兰人对付英国人的办法，厚结日本中央政要，以牵制台湾总督府的对台统治”。梁的一席话，对年仅25岁的林献堂影响极大，回台后他一方面兴办教育，开启民智；另一方面酝酿着一场温和的政治运动，很快便成为台湾抗日运动中以非武力形式抵抗日本的代表。

1911年2月，梁启超应林献堂等人之邀游历台湾，与当地的知识分子“敞怀抒情”，在切磋诗文中眷怀祖国，启发民族精神，“使台胞郁结心中的悲愤之气得到了宣泄的机会”。他们把梁启超视为“祖国的象征，中国文化的代表”。台胞评价梁启超此行对激励台湾民众的民族意识、开通知识界风气起了积极作用。

为了谋求台湾的出路，1914 年 12 月，林献堂参加了以板垣退助为总裁的“台湾同化会”，该会所揭橥的两个目标，一是要求台湾人像日本人一样对日本国家尽其忠诚和义务，二是日本国家对台湾人应予以与日本人同等待遇。但日本殖民者要求的是前者，对后者予以坚决否定，并于 1915 年 2 月 26 日下令撤销了“同化会”。

1917 年，林献堂为争取台湾人的权利到东京活动，他在听取了留日学生的意见后，认为当务之急是撤除赋予日本总督绝对权力、剥夺台湾人参政议政权力的“六三法案”。会上，林献堂组织了“六三法案撤废期成同盟会”，并当选为会长。但日本殖民者的统治越来越残酷，对台湾人民的压迫也愈来愈甚，林献堂的活动无异于与虎谋皮。日本殖民者不仅解散了“六三法案撤废期成同盟会”，还将

台湾文化协会写真部成员合影留念。前排中为林献堂，右二为蔡培火

“六三法案”定为永久法。此后，林献堂联合以蔡培火、蒋渭水为代表的深受五四运动和三民主义思想影响的台湾知识分子，继续为台湾的文化发展和政治改革而活动，先后成立了“台湾自治会”“台湾革新会”“台湾民众党”等组织，期于通过温和的“请愿”和“建议”来达到目的。但这些活动的结果与林献堂等人的愿望相反，不仅遭到日本政府与驻台湾殖民者的冷落，也遭到在台湾的日本人的嫉恨。

1936 年 3 月，林献堂携弟阶堂、公子犹龙等人参加了《台湾新民报》组织的“华南考察团”考察观光，遍游厦门、福州、广东、香港、上海等地。在上海接受欢迎时，林献堂无限感慨地说道：“我们回到了祖国。”这句肺腑之言立即被刊登在各大报纸上，引起日本军阀的注意与不满。林献堂回台后，遭到了总督府御用绅士、在台日本人的非难，他们发动御用报纸攻击林为“非国民”，唆使日本浪人路劫并殴辱之。

日本政治流氓团体“爱国政治同盟”在台中举办“纠弹林献堂演说会”及市民大会，迫其辞去公职。“林献堂排击同盟会”还致林一封《劝告书》，“劝”其将土地、山林、家财资产“归还政府”，“以表达遗憾之意”，并要求他在一星期之内作出答复。林迫于无奈，于 6 月 22 日发表了“辞退总督府评议员、台湾地方自治联盟顾问、东亚共荣协会顾问及台湾新民报社取缔役公职，以明心迹”的忏悔声明。

林献堂（前排左四）获选为《台湾新民报》社长，与报社同仁合影留念

“台湾议会设置请愿运动”开始之后，也吸引一些日本人士来台湾考察。图为台中火车站上一次迎接日本人士的场面。中间戴礼帽者为蔡培火，其右手第二人为林献堂

1937 年春，为避台湾总督府的迫害，林献堂赴日避难。7 月，抗日战争全面爆发，他与蔡培火联合日本的反战人士指责日本政府穷兵黩武。此后，他往还于日本和台湾，疗疾养身，以诗自遣，昔日的政治热情荡然无余。

1940 年林献堂六十寿辰时，以诗《六十述怀》表达了他奔波 30 余年而毫无所得的心境：

民权重自由，言论规以格。
纠合诸同志，上书请变革。
帝京冒风雪，历访名人宅。
或为其愚恼，或视为叛逆。
成败一任天，牺牲何足惜。
奔走三十年，此心徒自赤。
问君何所得，所得双鬓白。

如果说一开始林献堂对日本殖民者还存有希望的话，这时他已心灰意冷，特别是日本发动的太平洋战争，使他看到了日本殖民者的末日与台湾回归的希望。

【八】

共同抗战返台复疆 潜行运动遥做内应

全面抗战开始后，在大陆的台湾同胞积极参加祖国抗战，他们提出了『保卫祖国，解放台湾』的口号。中国的全面抗战，特别是第二次世界大战的爆发，给台湾回归祖国带来了机遇，台湾同胞进行了『潜行运动』，以各种方式与日本侵略者展开斗争。

1937 年 7 月 7 日，日本侵略者制造了卢沟桥事变，中国人民开始了全面抗战。全面抗战的爆发，给台湾回归祖国带来了新的机遇，这就是全民族团结起来，联合世界反侵略力量，打败日本侵略者，收复被日本占领的祖国领土。全面抗战的爆发也给海峡两岸的台胞带来了革命的活力，这就是与祖国一道，共同斗争，驱逐日本侵略者，收复台湾。

这时，有一支由台胞组成的抗日队伍活动在浙江、福建一带，与当地驻军、民众一起打击日本侵略者，它就是由李友邦领导的“台湾义勇队”和“台湾少年团”。台湾义勇队是在中华民族抗日救亡高潮中诞生的，它是在中共直接协助和国民政府浙闽两省政府的具体帮助下，由台湾爱国志士李友邦创建的。

李友邦

李友邦，字肇基，台湾省台北县鹭洲乡人，青年时代就立志献身于祖国的民族民主革命事业。1924 年入黄埔军校第二期，投身于国民革命，在广州组织“台湾独立革命党”。大革命失败后，先后在台湾和杭州从事革命活动，1932 年在杭州被捕入狱。在浙江陆军监狱的两年时间里，他努力学习，坚持狱中斗争。出狱后，他在杭州、上海等地以教日语为生，继续进行革命活动，并编著《日本帝国主义下之台湾》一书，揭露日本帝国主义侵略台湾的罪行。

全面抗战开始时，李友邦正在浙江从事抗日救亡工作。他根据抗战以来的新形势，确定了“台湾独立革命党”的两大工作任务：一是组织台胞“直接参加祖国抗战”，二是“在台湾本地发动各种暴动”。1938 年夏，在浙、闽两省政府的支持和中共组织的具体协助下，李友邦召集在浙江、福建的台胞，在金华筹建台湾义勇队。他们首先恢复大革命时期建立的“台湾独立革命党”，并拟好《台湾独立革命党告台湾同胞书》，同时了解散居大陆各省的台胞情况，决定动员工作从台胞居住人数最多的福建省开始进行。

从 1938 年 11 月起，他们几次往返浙、闽两省，把集中在闽北崇安县的台胞分批带到浙江金华参加台湾义勇队。在此期间，李友邦又以“台湾独立革命党”的两大工作任务及《告台湾同胞书》中的六条具体行动为内容，制定了《台湾独立革命党最近行动大纲》。《行动大纲》共十条：一、抗拒缴纳赋税；二、反对抽征壮丁来华作战和开垦；三、已被诱迫来华的台胞组织哗变；四、破坏台湾

台湾少年团英姿

台湾义勇队部分队员在武夷山合影

生产和交通；五、扩大阿里山的反日游击队；六、组织义勇队来华参加抗战；七、发动台湾罢工、罢市、罢课运动；八、扩大反战反法西斯宣传；九、组织日韩台反法西斯大同盟；十、统一台湾革命组织。李友邦根据当时的实际情况，动员在大陆的台胞组织台湾义勇队，作为实现《行动大纲》的首要措施。

李友邦发起组织台湾义勇队，广大台胞热烈拥护，纷纷报名参加。台湾义勇队成立后，一边加强组织建设，一边按队员的特长，组织他们参加宣传教育工作，主要是通过讲演会、招待会、纪念会、募捐活动和出版书刊等形式，为抗日救国呐喊，以激励台胞和全国军民的斗志。台湾义勇队还组织战地工作队深入前线，和抗日部队的官兵一起生活战斗，用讲演会、歌咏会、座谈会等方式讲述亲身

台湾义勇队宣传队表演节目

经历的亡国之痛，激励官兵奋勇杀敌，这些活动均收到很好的效果。1940年3月，李友邦赴重庆国际广播电台讲演，号召“台湾同胞团结起来，和日本军阀斗争以求解放”。为了做好经常性的队内教育和对外宣传工作，义勇队先后出版了《台湾先锋》《台湾青年》及“台湾革命丛书”等书刊。

他们还组织参加了对敌政治工作。台湾义勇队成立后，李友邦指出：“瓦解敌军和教化俘虏，将是台湾义勇队的主要工作。”他强调说：“祖国抗战在第二阶段，是政治重于军事的时候，促使敌国士兵觉悟，进而达到瓦解敌军，实为当务之急。”他们利用台胞能读会讲日语的特长，再经过短期训练，派他们到各抗日部队和各界战地工作团，负责教育、训练士兵和民众对敌工作的认识和方法，帮助士兵学习用日语喊话和唱日本反战歌曲，翻译敌军文件，审讯俘虏，收听日军广播，收集敌伪情报等。重庆《扫荡报》曾经发表社论赞扬：“他们为了协助我军杀敌，过去两年中，曾在各战场进行对敌宣传工作，并深入敌后，唤醒敌兵投诚，出生入死，艰苦奋斗，屡建奇勋。”

台湾义勇队队员中医务人员比较多，由于抗战急需，李友邦一直把医疗作为义勇队的主要工作之一，他将第一批台胞中的医生组成一个巡回医疗队。最初义勇队在金华城内设立医疗所，义务医治伤病军民。不久，又在金华乡下设立医疗所和巡回医疗队，方便广大农村病人就地治病。为了扩大规模，1940年7月间，李友邦又派第一区队长谢挣强等专程赴闽北崇安一带招募台籍医生，运购新式医疗仪器，并将金华医疗队扩充为三个台湾医院，分设在金华（第一）、衡州（第二）、兰溪（第三）三地。1942年5月浙赣战役爆发后，他们在撤退途中，于江山成立临时医院，及时救护西撤的伤病军民。转进福建后，义勇队在建阳设立台湾医院，也称第四台湾医院。此

外，他们还经常派医生到各地各单位义务行医或从事卫生防疫工作，有的人还被派到浙东前线参加当地野战医院的救护工作。他们既当医生，又做对敌政治工作，对荣军、征属、义民、贫民则完全免费治疗，因此很受前线官兵和当地群众的赞扬 。

当时要求参加台湾义勇队的台胞纷至沓来，李友邦只好采取分期编队的办法，暂限定参加的人数，先编组第一支队，再继续成立第二支队、第三支队。1940 年 6 月，台湾义勇队得到国民政府军事委员会政治部批准，李友邦被委任为少将队长，受军委会政治部领导，归第三战区政治部（设在江西上饶）节制。1940 年 8 月，台湾义勇队第三区队（支队改名）成立，队员人数达 200 人，队部设有总务组、指导训练组、宣传组，另设有驻闽办事处和驻渝通讯处。李友邦对队员有严格的要求，每个支队（区队）的成立都必须进行两至三个月的训练，训练的内容有理论学习、组织教育、技术教育（包括政治、军事、经济、史地、语言及对敌宣传技术）等。他认为只有通过严格训练，队员“才能有深刻的言论、机警统一的行动和纯洁的纪律生活……才能完成时代给予我们的任务”。

李友邦始终拥护中共提出的抗日民族统一战线政策，接受共产党的帮助，他热情欢迎和邀请祖国的爱国人士参加义勇队和少年团的工作。1939 年春，周恩来到浙江视察时，强调贯彻抗日民族统一战线的政策，指示台湾义勇队要充分运用国民党的关系开展工作，并向台湾义勇队作了关于抗战形势的报告，队员们深受鼓舞。周恩来还建议李

台湾义勇队附属医院医务人员合影

友邦与浙江省主席黄绍竑联系，以解决有关军委会政治部批准正式成立的问题。

台湾义勇队广泛地活动于东南各省及重庆等地，在前方和后方开展各项抗日活动，工作十分艰苦，有的队员甚至献出了自己的生命。他们坚决抗战的英勇行为和爱国主义精神受到全国各界的广泛赞扬，国民党要员及社会著名人士称赞其为“台湾先锋，民族战士，唤起国魂”，体现了“祖国精神”。1940 年 12 月，国民政府军委会政治部部长陈诚出席各界国民月会及扩大纪念周，曾赞扬李友邦及台湾义勇队“实际参加祖国抗战，劳绩卓著”。1942 年初，义勇队得到军委会政治部的传令嘉奖。

1942 年 5 月，浙赣战役爆发，台湾义勇队坚持到最后时刻才奉命撤离金华，经江山、翻仙霞岭，再经福建的浦城、建阳、南平、永安，于 10 月中旬到达目的地龙岩。喘息未定，李友邦就立即采取各种措施，特别是筹办干部训练事宜。同年 11 月 1 日，干训班开训。经过两个月的学习，学员被分编为三组，赴闽南各地工作。由于上级命令限期成立“三青团”组织，于是义勇队在途经南平时成立了三青团中央直属台湾义勇队分团部筹备处，并于 1943 年 1 月在龙岩正式成立三青团，李友邦任主任干事。李友邦以台湾革命的需要为出发点，把三青团看作是团结和教育台湾青年干部的学校，务必要使参加者“个个成为建设三民主义新台湾之坚强有力的干部”。

台湾义勇队移驻龙岩后，队员人数也有了较大发展，有队员 300 余人，于是台湾义勇队被改为“台湾义勇总队”。1945 年队员人数已达到 381 人，编为四个区队。

太平洋战争爆发以后，国际形势越来越不利于日本侵略者。因此，台湾义勇队、台湾革命同盟会等组织积极进行台湾复省运动，

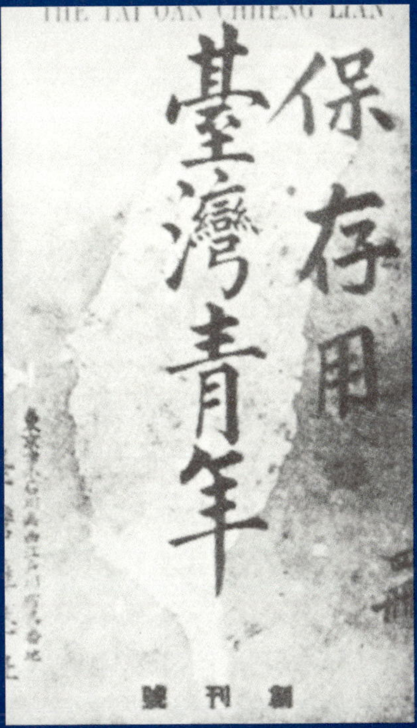

《台湾青年》创刊号

李友邦在台湾少年团本部

纷纷贡献光复大计。

1943 年 12 月，中、美、英三国共同发表了《开罗宣言》，台湾回归祖国已得到国际确认，台湾义勇队为此欢欣鼓舞，正在重庆的李友邦与有关方面详细商讨了关于收复台湾善后处理及建省运动中的各项问题。台湾义勇队队员们戴上了“复疆”的臂章，表示以光复台湾为职志。1944 年 4 月 27 日，国民政府成立了中央设计局台湾调查委员会，聘李友邦为兼任专门委员（后为调查委员会委员），聘谢挣强为兼任专员。李友邦和李祝三、曾溪水等参加了该委员会召开的座谈会，在会上表达了台胞对收复台湾的决心，并为做好接收台湾的准备工作献计献策。台湾义勇队还多次提供台湾问题资料，不少队员参加了中央训练团举办的台湾党政干部训练班。

1945 年 8 月，日寇宣布投降。9 月 3 日，李友邦即派台湾义勇总队副队长张士德，随美国太平洋舰队司令柯尧上将乘飞机赴台，在台北升起台湾光复后的第一面中国国旗。9 月 7 日，台湾义勇队总队部由龙岩迁往漳州，不久队员陆续返台。10 月 23 日，台湾义勇总队先遣部队抵台，协助政府维护社会秩序及保管物资。12 月 8 日，李友邦率全体队员返台。正当他们刚刚凯旋荣归，准备为建设台湾再次奉献之际，义勇队却被国民政府当局强行解散了。

台湾义勇队之下领导有台湾少年团。1939 年 1 月，李友邦从福建崇安县顺利地带来了第一批台胞 30 余人，其中有 6 名儿童。同年 2 月，在浙江省金华县城正式成立台湾义勇队，6 名儿童也组成

台湾少年团举行升旗仪式

台湾义勇队少年团(简称台湾少年团),李友邦任队长兼少年团团长，张一之任队秘书，还编写了队歌和团歌，著名音乐家贺绿汀和台湾义勇队队员牛光祖分别为队歌、团歌谱曲。从此，义勇队和少年团的歌声响彻祖国大地。台湾义勇队的战斗口号“保卫祖国，解放台湾”也被写入了《台湾义勇队队歌》之中，使每个队员都知道要为“保卫祖国，解放台湾”而战。

台湾少年团既是一个教育机构，同时又是一个工作机构。团员的工作主要是通过讲演、演戏、唱歌、绘画等活动进行抗日宣传，有时做一些翻译和收集情报工作，还多次被派到前线或其他地方流动宣传、访问日俘，武夷山上至今还留有当年台湾少年团书写的“保卫祖国，解放台湾”和“打倒日本帝国主义”等大幅标语。他们的聪明才智和卓著贡献曾引起中外教育家的注目，美国友好人士、少年儿童教育家卡克斯曾访问过台湾少年团。

台湾义勇队与台湾少年团的抗战，再次说明台湾是中国领土不

刘启光(站立者)与李友邦等台湾同盟会主要干部在重庆

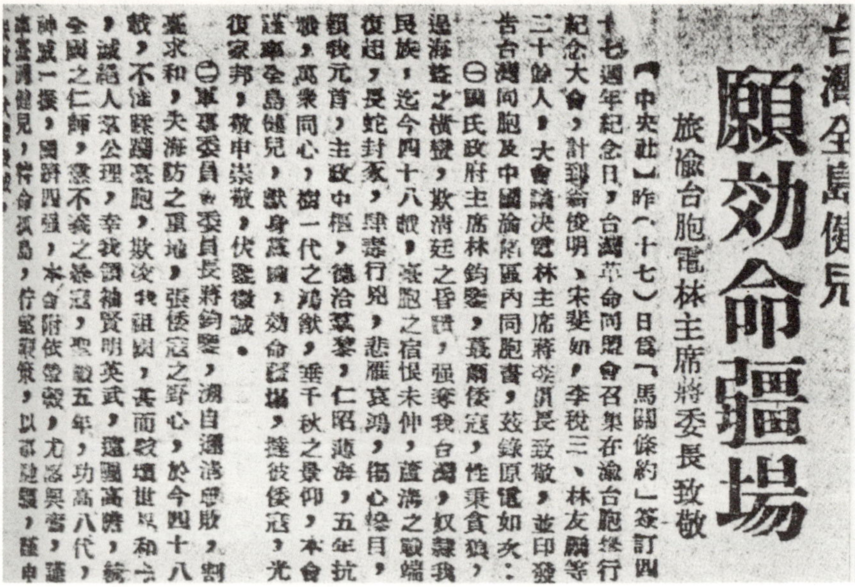

台灣全島健兒

願効命疆場

旅渝台胞電林主席蔣委長致敬

【中央社】昨（十七）日爲「馬關條約」簽訂四十七週年紀念日，台灣革命同盟會召集在渝台胞舉行紀念大會，計到翁俊明、宋斐如、李純三、林友爾等三十餘人，大會議決電林主席蔣委員長致敬，並印發告台灣同胞及中國淪陷區內同胞書，茲錄原電如次：

㈠國民政府主席林鈞鑒，蕞爾倭寇，性秉貪狼，逞海盜之橫蠻，欺清廷之昏聵，強奪我台灣，奴隸我民族，迄今四十八載，台胞之宿恨未伸，蘆溝之釁端復起，長蛇封豕，肆毒行兇，悲雁哀鴻，傷心慘目，賴我元首，主政中樞，德洽蒸黎，仁昭遐邇，五年抗戰，萬衆同心，樹一代之鴻猷，垂千秋之景仰，本會謹率全島健兒，獻身祖國，効命疆場，殲彼倭寇，光復家邦，敬申崇敬，伏鑒微誠。

㈡軍事委員會委員長蔣鈞鑒，溯自遜清昏敗，割臺求和，失海防之重地，張倭寇之野心，於今四十八載，不惟蹂躪台胞，欺凌我祖國，甚而破壞世界和平，滅絕人類公理，幸我領袖賢明英武，堅強高瞻，統全國之仁師，懲不義之強寇，艱苦五年，功高八代，神武一揮，國際四強，本會附依鈞座，尤感興奮，謹率臺灣健兒，誓命孤島，佇聆睿策，以爲前驅，謹申

大后方关于台湾同盟会活动的报道

可分割的一部分，台湾人民始终是祖国大家庭中的一员。

全面抗战也激励了在日本铁蹄下的台胞的反抗斗争。台中人庄遂中经常收听祖国广播，他将祖国打败日本侵略者的消息向社会传播，使日本占领者非常惊恐。1937 年 9 月，庄遂中被日警逮捕杀害，成为战时第一位受难的民族志士。

1938 年，台胞为配合祖国的抗战，密谋炸毁停泊在高雄港内的日本军舰，事情泄密后大批同胞被捕，牺牲数百人。同年，台湾共产党领导反战志士将日军久留米油库炸毁，当场炸死日军 10 余人，伤 20 余人。

1939 年 10 月 10 日，被征入伍的军夫 300 多人，在高雄集中时突起暴动，杀日军官兵 30 多人后携械逃散。

1941 年 11 月 8 日，凤山当地士绅黄元南等人秘密结党，准备接应祖国军队登陆。当局在半年中进行数次搜捕，共捕去 81 人。随后在东港各地抓捕欧清石、张明色等 183 人，经 3 年审理，分

台湾义勇队总队长李友邦（前排右三）、副总队长张深切与三青团台湾支部合影

台湾义勇队主要干部在厦门合影

别判处无期徒刑到拘禁数月不等，其中有 7 人受刑致死，2 人死于狱中。这是战时岛上最大的秘密反日事件，史称“凤山事件”。

太平洋战争爆发后，台湾人民的抗日复台斗争也进入了一个新的阶段。

1942 年春，日本殖民者人心惶惶，草木皆兵，加强了高雄与东港间的海军防卫，以“通敌谋反”为名，逮捕了东港地区从事文化运动且富有抗日民族精神的郭国基、郭生华、张明色等 400 余人，这些人大多被迫害致死。

1944 年，日本败局已定，台湾苏澳港渔民在《开罗宣言》精神的鼓舞下，抗日情绪高涨，他们与海上美军秘密联络，递送情报，以掩护美军在台湾登陆。日本侵略者发现后，以“通敌谋反”罪名逮捕渔民 50 余人，将他们大都迫害致死。面对台湾人民的反抗，日本驻台湾总督安藤利吉不无忧虑地说：“万一敌军登陆，台湾人

台灣革命同盟會

四屆代表大會

——發表宣言重申歸返祖國願望 並電蔣主席麥克阿瑟致敬——

大會宣言

呈蔣主席電

陪都將盛大

新生活運動十一週年

1945年2月，台湾革命同盟会在重庆召开第四届代表大会，发表宣言，重申回归祖国的愿望。图为当时的报纸对会议的报道

1946年9月，福建龙岩举行欢送李友邦（前排右二）返台纪念大会。图为各界代表与李友邦的合影

盟军轰炸日占台北，烟火冲天

会不会突起响应，袭击皇军之后，造成严重的事态呢？就我来说，就缺乏这种完全信赖台湾人的自信或勇气。”

台湾同胞还极为关心祖国大陆人民抗日战争的进展，只要听到一点点好消息，大家就奔走相告，彼此慰勉。《开罗宣言》宣布后，台湾人民都兴奋极了。到 1944 年初，这个消息便传遍全岛，各地人民都为自己在将来能看到民族解放而欢欣鼓舞。

与此同时，祖国人民也没有忘记处在日本统治下的台湾同胞。中国空军曾数次飞越海峡，轰炸台湾的日本占领军。1938 年 2 月 28 日，中国空军出动两队 40 架飞机，分别由汉口、南昌起飞，直扑台湾松山机场。日军根本没有想到中国空军会来袭击，既无战斗机拦截，也无高射炮射击。飞机轮番轰炸，共投弹 280 枚，炸毁日机 12 架和营房、机库、油料库多处，使松山机场陷于瘫痪。由于日军在松山机场损失惨重，日本将其台湾行政长官罢免，松山机

场指挥官被判刑。此后，大陆飞机又多次轰炸台湾日军，给日军以重大打击，表明了中国人民收复台湾的决心。

1943 年，苏澳渔民 70 余人因涉嫌在海上与美国潜艇秘密接触，并掩护美军侦察兵在岛上登陆而被捕，多人在狱中病死。

1944 年，台北帝大学生蔡忠恕联合同学 200 多人，密谋在祖国军队反攻时发动内应光复台湾。为密探侦知，4 月，蔡忠恕及同学多人被捕。蔡被关押至 1945 年 6 月，病死狱中。

1942 年 2 月，台湾同盟会在台湾台南武装袭击日本警察，并散发传单 3000 份。1943 年 11 月又有美军飞机 20 架轰炸了新竹地区的军事目标。

1944 年以后，日本法西斯的处境越来越困难。台湾岛内的日军如热锅上的蚂蚁，虽然没有遇到地面进攻，但无时不在担心来自空中的打击。以桂林为基地的美国空军及太平洋舰队的飞机均可飞达台湾上空。1 月 11 日数架盟军飞机夜袭高雄及盐水港。10 月，美国海军航空母舰特混舰队的机动部队第三舰队在台湾东海出现，之后就开始持续不断地出动战斗机和轰炸机攻击在台湾的日军，3 日内出动了 974 架次轰炸机轰炸台湾各机场。

台湾最大的一次空战发生在 1944 年 10 月 12 日到 17 日，这是盟军空军和侵台日军空军的一场决战。日本联合舰队司令长官丰田副武亲自在台湾指挥日军战斗机迎战盟军战机，战斗异常激烈和残酷。12 日拂晓，在台湾东海约百公里处的美军第 38 特遣队航母，出动约 500 架飞机攻向台湾。接到警报后，日军分别出动 100 架和 130 架战斗机飞往台湾北部的新竹上空和南部高雄附近的冈山上空迎战。清晨，美日双方 700 多架飞机在台湾南北两地的空中大战。经过半日酣战，美军将 80 架日机击落。中午，第二批美机 500 架又蜂拥而至，困兽犹斗的日军仍然出动 30 多架战机迎战，结果日

机全部被击落。下午，第三批美机来袭时，惨败的日军已经没有战机可以起飞迎战了。这一天的战斗，美军总共出动1378架次战斗机和轰炸机飞临台湾上空参战，被日机和地面防空炮击落48架。而日机则几乎被消灭光，日本空军几乎完全丧失了战斗力，地面军事设施的损失更为惨重。14日，乘胜追击的美军又派战斗机146架掩护100架轰炸机轰炸台北等地。

1944年10月12日至17日的战斗，被称为“台湾近海航空战”，美、日两方共出动4320架次飞机酣战，是太平洋战争中最惨烈的海空大战。日军损失战机312架，失去了制空权。

1945年1月3日、4日两天，盟军出动飞机数百架空袭台湾全岛。1月9日至17日，每天都有数十架或数百架盟军飞机飞临台湾轰炸。日军无飞机升空迎战，完全丧失了防空能力。

被盟军飞机炸毁的日总督府

面对盟军猛烈的空中打击，日本参谋本部判断美军要配合中国军队从台湾西海岸登陆，便把关东军第十二师调到新竹、第七十一师团则配置在嘉义，并成立四十军，由中泽三夫中将指挥，并配置神风特攻队，准备攻击参加登陆作战的美军舰船。神风特攻队在台湾新竹、红毛、恒春、虎尾等地设立了40多个简易飞机场。

1945年春天，盟军飞机对台湾的空袭更加频繁猛烈。2月14日，盟军飞机由菲律宾起飞前往台湾轰炸，3月1日轰炸高雄、台南；16日又出动150架空袭台湾中南部；3月23日又有100架B-25型轰炸机轰炸台湾中南部机场、港口、工厂。4月1日起每天都有数十架或数百架盟军飞机轰炸台湾各地，其中对日本殖民者震动最大的一次是5月31日的台北大轰炸。当天，美军出动117架B-24型轰炸机飞临台北上空，对台北市进行地毯式轰炸，台湾总督府办公大楼也在轰炸中中弹起火。

从美军如入无人之境的空袭中，可以看出在台日军的末日即将降临了。

【九】

宣示主权 宣战废约
人地相宜 培养人才

抗战开始不久，中国就提出了『废约复台』的口号。国民参政员宋渊源，联合胡景伊、褚辅成、董必武、张澜、许德珩等二十六人，提交了《策进台湾朝鲜革命使敌益速崩溃案》，认为既然中国与日本为交战国，就应马上宣布《马关条约》无效，并做收复台湾的准备。国民政府按照『人地相宜』的原则，培训以台胞为主的骨干，拟定法规，为收复台湾作准备。

1931 年，日军发动蓄谋已久的九一八事变，侵占中国东北地区，激起中国人民的抗日怒潮。1937 年 7 月 7 日，妄图灭亡中国的日军又制造了卢沟桥事变，发动了全面侵华战争。

为了抗击日本的侵略，中国共产党积极地和国民党谈判，形成了以国共合作为核心的抗日民族统一战线，促成了一个全民族抗战的大好局面，中国人民更加坚定了早日消灭日本法西斯、收复失地的决心。国民政府多次发表声明，表明战后收复台湾的立场和决心。从 1940 年 4 月召开的国民参政会一届五次大会起，到 1945 年 7

蒋介石在抗战讲话中多次声明要收复台湾

月的四届一次大会止，国民参政员胡秋原、马毅等人提出与收复台湾有关的各种具体方案9件，涉及台湾复省、建军、建政、培育人才、统一机构等方面，反映了中国人民早日收复台湾的强烈愿望。

1937年12月南京沦陷后，国民党将军事指挥部迁移到武汉，为制定抗战建国的大政方针，国民党于1938年3月29日在武汉大学大礼堂召开了临时国民党全国代表大会。会议历时4天，约500名中央委员参加，讨论通过了《抗战建国纲领》等议案。在4月1日的大会闭幕式上，国民党总裁蒋介石除了揭露日本自明治以来一贯的侵华政策，抨击日本企图独霸东亚的野心外，还申明了中国政府收复台湾的决心与重大意义，光复台湾成了抗战的重要目标之一。但此时由于国民党政府没有正式向日本宣战，《马关条约》没有被废除，台湾光复只是停留在讲话中。

1940年4月上旬，在重庆召开的国民参政会第一届第五次大会上，福建籍参政员宋渊源，联合胡景伊、褚辅成、董必武、张澜、许德珩等26人，一起向大会提交了《策进台湾朝鲜革命使敌益速崩溃案》，其主要内容是：既然中国与日本为交战国，就应马上宣布《马关条约》无效，并准备收复台湾。此外，中国还要宣告帮助朝鲜恢复独立地位，这样可以号召在台湾的朝鲜革命志士起来抗日。

与此同时，身在大陆的台湾同胞也在积极参加抗战，为收复故乡尽自己的一份力量。他们在闽、浙、粤等地建立了许多抗日组织，开辟抗日根据地。著名的有台湾革命青年大同盟、厦鼓中华青年复土血魂团、抗日复土大同盟、台湾革命党、台湾义勇队等，这些抗日组织分别参加了祖国的抗战。台湾同胞在大陆的各抗日团体，于1941年在重庆合并成立台湾革命同盟会，主要领导人是李友邦、谢南光等。该会在1943年1月30日发表《战后台湾问题声明》，4月17再次发表了声明。这两次声明的要点是：台湾土地原为中

国民党台湾党部主任委员翁俊明

国领土，今日已成为中国战略之中心，必须准备收复；中国政府现在宣布收复台湾，不但可以表示中国政府保持领土完整的坚强决心，也可以集中台湾人民的革命力量，坚定台湾人民革命的信心，统一台湾人民反日运动的步伐。

1941 年 12 月 7 日，日本海军偷袭美国太平洋上的海军基地珍珠港，悍然向美、英、荷宣战，肆意扩大侵略战争。9 日，中华民国政府正式对日、德、意宣战，批判日本军阀横行亚洲与破坏全人类和平与正义的滔天罪行，并宣布中日间的所有条约、协定、合同一律废止。外交部长宋子文在重庆召开中外记者会，严正声明“我国战后决定收复台湾、

中國國民黨中央執行委員會任用書

任用翁俊明同志
為直屬台灣黨部執
行委員會主任委員

總裁 蔣中正

中華民 三 月 八 日

校對 呂介人

国民党中央任命翁俊明为台湾党部主任的任用状

澎湖、东北四省等地区”，“所有一切条约协定合同，有涉及中日间之关系者，一律废止”。

12月底，同盟国中国战区成立，蒋介石任盟军中国战区统帅。台湾光复在重庆成了一个热门话题，政府、民意机构和报纸杂志纷纷就台湾问题发表自己的意见。1942年4月5日，重庆举行“台湾日”，“复台宣传大会”由司法院副院长覃理鸣主持，章渊若、司徒德、黄少谷分别代表中央秘书处、立法院、政治部出席演讲，电台以中、英语播报。重庆各报刊设有台湾光复特刊，孙科、陈立夫、吴铁城、马超俊、冯玉祥、潘公展、刘峙、翁俊明等国民政府的要人纷纷发表专文。10月，在重庆召开的国民参政会第二届第一次人会上，著名律帅、参政员陈霆锐等40多人提交了《请政府加强培植法律人才以备将来收复失地及割让地后之用》的提案。国民参政会议决通过，并送政府切实办理。行政院下令中央大学等9所院校法律系增设司法组共11个班，为光复台湾等失地培养法律人才。

國民政府對日本宣戰布告
日本軍閥夙以征服亞洲並獨霸太平洋為其國策數年以
來中國不顧一切犧牲繼續抗戰其目的不僅所以保衛中國之
獨立生存實欲打破日本之侵略野心維護國際公法正義及人
類福利與世界和平此中國政府屢經聲明者
中國為酷愛和平之民族過去四年餘之神聖抗戰原期侵
略者之日本於遭受實際之懲創後終能反省在此時期各友邦
亦極端忍耐冀其悔禍俾全太平洋之和平得以維持不料殘暴
成性之日本執迷不悟且更悍然向我英美諸友邦開釁擴大其
戰爭侵略行動甘為破壞全人類和平與正義之戎首逞其侵略
無厭之野心舉凡尊重信義之國家咸屬忍無可忍茲特正式對
日宣戰昭告中外所有一切條約協定合同有涉及中日間之關
係者一律廢止特此布告
中華民國三十年十二月九日
主席林森

中国国民政府对日宣战布告

1943年1月7日，重庆大公报发表社论《中国必须收复台湾》，文章指出，根据国际法，“台湾与中国不应分离”，“台湾是中国的老沦陷区，我们不能看它流落异国，战后中国一定要收复这块土地”。提出《拟请中央统一加强对台湾工作之领导提案》、《拟请中央从速

确定台湾法律地位》、《拟请有关台湾事业之军政机关尽量录用台湾人员》几个提案建议。为此国民党中央大力增加台湾省党部的人员和经费，帮助省党部统一在大陆的台湾各种团体。在接收台湾时，国民党遵循“人地相宜”原则，让台湾省党部、台湾革命同盟会、台湾义勇队等台湾革命团体多派人到台湾，多提拔台湾人在台湾的党政军机构里做事，收揽台湾民心。其中，“人地相宜”原则，成了后来国民政府接收台湾的指导思想。在选派参加接收工作的人员时，都要求熟悉台湾的情况或有留学日本的经历的条件。

1945 年 7 月，参政员李荐廷等人在国民参政会四届一次会上进行提案，要求马上设立台湾接收委员会，准备交替时期处理一切政务。参政员林学渊等 17 人提交《请统一台湾军政机构尽量录用台胞以准备收复台湾而利抗战》的提案，得到大会决议通过，交政

国民党台湾党部在浙江的驻址

府切实办理。这次大会上，胡秋原、马毅和马景常等人提出两个提案，都要求国民代表大会增设台湾代表。大会将两案一起讨论，最后决议：要求政府根据提案、法律和事实办理，务使国民代表大会具有全面的代表性。

1944 年 4 月底，在福建省临时参政会上代表们建议：省政府应迅速做好收复台澎的准备工作；改善台胞集中营生活，归还省内台胞产业；请中央恢复台湾省建制；在闽南设立特种师范学校，培养台湾小学师资。

蒋介石从开罗返国后，便将接收台湾的工作提上议事日程，指定王梵生和行政院秘书处共同研究台湾接收的准备工作。王梵生等人拟定了《关于收复台湾的政治准备工作及组织人事等具体办法》，并于 1944 年 3 月 15 日呈给蒋介石。

《关于收复台湾的政治准备工作及组织人事等具体办法》提出：台湾收复时，第一步，应成立军政府，军政府由中国主持。第二步，恢复以前的行省组织，但在恢复前要先设立过渡机构台湾设省筹备委员会。第三步，台湾收复后，我国接收需要进行相当精密的准备工作，此准备工作应由筹备委员会负责。准备工作包括：调查日寇过去统治台湾的方式及台湾有关法律和民情，以便作为拟定收复台湾的规章制度的参考；训练储备将来治理台湾的各项人才；准备行政及技术人才；研究台湾与美国的经济合作等。

筹备委员会组织办法要点如下：

第一，台湾设省筹备委员会直隶行政院，由政府选派大员主持，各有关机关首长或次官参加，并聘与台湾有关人员参加。

第二，委员会除设秘书处外，分设三组，办理调查、设

1941年12月15日，蒋介石（右四）在国民党五届九中全会上宣读《告全国军民书》、吴铁城（右三）宣读《对德意日宣战书》，向世界宣示中国收复台湾的决心

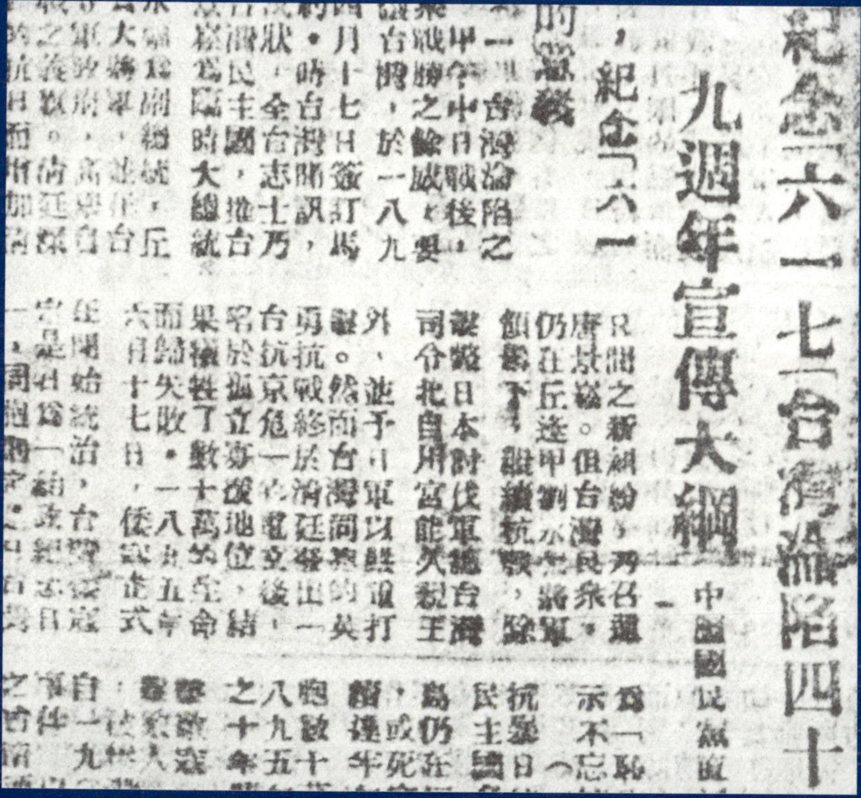

紀念六一七台灣淪陷四十九週年宣傳大綱

中國國民黨中央宣傳部

國民党1943年刊印的《纪念六一七台湾沦陷四十九周年宣传大纲》

计、储备训练人员及宣传与涉外等事项。

3月15日，奉蒋介石的命令，中央设计局筹设了台湾调查委员会。4月17日，蒋介石任命福建省主席陈仪为主任委员，沈仲久、王芸生、钱宗起、黄朝琴、夏涛声、周一鄂、丘念台、谢南光等为委员。台湾调查委员会的主要任务是设计光复之后台湾省的政府机构框架，会址设在重庆枣子岚垭彝园。

陈仪字公洽，浙江绍兴人，曾就学日本陆军士官学校、日本陆军大学，并且娶了个日本妻子。历任国民政府军事委员会委员、军政部兵工署署长、军政部军务次长、福建省主席兼保安司令、行政院秘书长、陆军大学代理校长。由于福建近邻台湾，在国民党的高级干部中，陈仪相对比较了解台湾。

陈仪

台湾调查委员会最重要的工作，就是制订一个切实可行的台湾接管计划。1944 年 7 月 21 日，台湾调查委员会在重庆的中央设计局召开座谈会，陈仪主持，委员沈仲九、周一鹗和专门委员何孝怡、林忠等列席，主要请熟悉台湾的台籍人士对接管台湾问题发表意见，黄朝琴、谢南光、李纯青、陈华西、谢挣强、柯台山、许显耀、游弥坚、李祝三、连震东、曾溪水等台籍人士都做了重要发言，他们的发言要点归纳如下：

台湾从前是中国的一个省，收复后仍然要建省，但台湾省长的权限应扩大，因为台湾民众习惯于权力比较大的台湾省长。

台湾所缺乏的是国民党的三民主义思想教育。但在台湾实行三民主义，要尽量适合台湾的实际情况，不能要求太急太快。

要好好研究台湾的工业、财政、银行等领域现状，要好好利用台湾的人才，要多争取台湾的民心。接收后，不允许大陆的散兵游勇去台湾，要保持好台湾的一些好风俗。

总之，台籍人士把接收台湾应该注意的问题，基本上都提到了，但有些意见并没有引起陈仪等军政要人的重视。比如，要考虑到台湾人民的特性和自己的想法、尽量起用台湾人才的问题等等。

中央设计局在同年 8 月 17 日，就收复台湾所需党务与行政中高级干部统筹训练问题，致函台湾调查委员会提出要求：应多选拔深入敌后艰苦工作的台湾抗日志士，同时选拔现在教育界、工程界的台籍人士进行训练。

10 月，陈仪拟定并上呈了《台湾省接管计划纲要草案》，纲要

国民党台湾党部成立后，定期与福建省党部举行联席会议，推动抗日工作。图为福建省党部

共分通则、内政、外交、军事、财政、金融、教育文化、交通、社会、粮食、司法、水利、卫生、土地等十四大项，十分详备。该草案经过讨论修改，1945 年 3 月 14 日经蒋介石核定正式出台。

该纲要“通则”部分共 11 条，是接收台湾工作的蓝本，反映了国民党在收复台湾问题上的意图用心，要点如下：

1. 接管台湾的一切设施，在台湾实现孙中山遗教、国民党总裁蒋介石的训示，努力谋求台湾人民的福利，铲除日本殖民者的势力。

2. 接管后的政治措施，扫清日本国的势力，肃清反叛，革除旧染，安定秩序，强化行政机关，增长工作效率，预备实施宪政，建立民权基础。

3. 接管后的经济措施，根绝日本殖民者对台湾人民的剥削压榨，维持原有生产能力，不使其停顿衰退为原则，但其所得利益，应用来提高台湾人民生活。

4. 接管后的文化措施，应增强中华民族的民族意识，廓清殖民者的毒化思想，普及教育机会，提高文化水准。

5. 中华民国一切法令，均应适应于台湾，必要时可颁暂行法规，日据时代法令除压迫台湾人民违反中华民国法令者，可暂行有效。

6. 废除日本国的度量衡制，实行中华民国的度量衡制。

7. 文书、教科书、报纸禁止使用日文。

8. 接管后成立省政府，改州、厅、支厅等为县、市，改街庄为乡镇，保甲续留。

9. 接管时，优先做下列各事：接收官立、公立的各种机关，包括行政、军事、司法、经济等部门；建立县、市、

乡镇各级政权；成立银行；释放政治犯；废除日本殖民者的管制措施；表彰革命忠烈事迹；严禁烟毒；培训公教人员。

10. 各机关旧有人员原则上暂时留用，待遇也不变。

11. 接管时保管好档案图书、房屋资产等。

除了制定台湾接管计划外，台湾调查委员会还组织日语人才翻译台湾总督府的法律法令。经过50年的殖民统治，日本台湾总督府在台湾施行的各项法令非常完备细密。中国的接收官员必须首先知道日本台湾总督府法令的内容，方能按照它们的系统有效地接收并加以改革。翻译法令的工作相当繁重，总字数达到上百万。台湾调查委员会还研究了台湾的一些具体问题。台湾接收，需要解决的各项具体问题很多，如原有行政区划划分，原属官有、公有、公司所有及日本私人所有的土地的处理，公营事业经营等，都非常重要。故台湾调查委员会特分设三个研究会，即行政区划研究会、土地问题研究会、公营事业研究会，负责研讨并提出方案，以作为草拟计划的根据。

国民政府主席蒋介石认为，收复台湾必须训练大批行政干部，因此命令陈果夫、陈仪、吴铁城、张励生、段锡朋、熊式辉等六人共同筹划，并指定陈仪为召集人。1944年9月，他们制订的《台湾党政干部训练办法草案》出台，决定在中央训练团内开设台湾党政干部训练班，由陈仪任主任，周一鹗为副主任，选拔三类台籍人士进行培训，第一，专科以上学校毕业生并且学习成绩优良的；第二，深入敌后进行艰苦抗日工作人；第三，致力于台湾革命而取得卓著成绩的。其中，第二、第三种人员可以从宽录用。这些学员毕业后，成绩优良的被派到中央设计局台湾调查委员会工作，其余的暂回原单位或分配到适当单位实习，以等待台湾收复后派往台湾各机关工

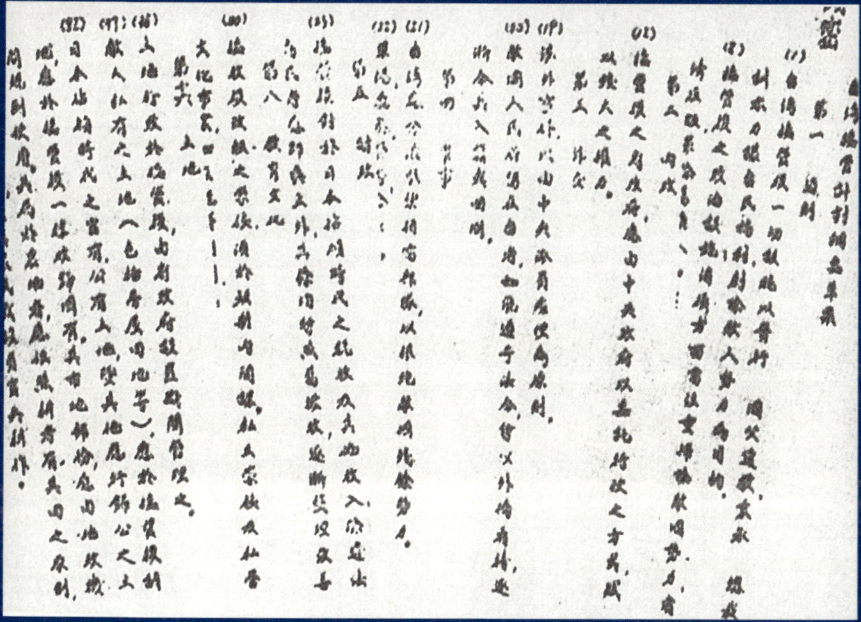

《台湾省接管计划纲要草案》

作。台湾党政干部训练班共选拔招收学员 120 人，分民政、财政金融、工商、交通、农林渔牧、教育、司法等组训练，学期是 4 个月，自 1944 年 2 月开始，到次年 4 月结束。该班特别注意对台湾法令和接收计划的学习，要求在 3 个月内先熟悉日本台湾总督府施行的台湾现行法令，然后和中华民国法令作初步比较，决定哪些法令可以采用或废除，学员还必须学习和研究《台湾省接管计划纲要草案》。

除了举办台湾党政干部训练班之外，国民政府还举办台湾警察干部讲习班，培训台湾警察干部。讲习班分别在重庆、福建两地举行，由中央警官学校及第二分校主办，从 1944 年 10 月 1 日到次年 9 月止，总共培训警员、警察干部 932 人。

台湾革命同盟会是台湾同胞在大陆组织的抗日组织。台湾同胞在大陆的抗日组织有个发展过程，1939 年前后有浙江的台湾独立革命党、福州的台湾抗日复土同盟、华南的台湾民主革命总同盟、台湾青年革命党、台湾国民革命党，名称不同，目标一致。在翁俊明、刘启光、张邦杰等人的努力下，这些团体到 1940 年 11 月联合组成台湾革命团体联合会。在中国国民党中央组织部的领导下，这个联合会强化为台湾革命同盟会，1941 年 2 月 10 日在重庆正式成立，主要领导人有台湾义勇队队长李友邦，立法院专员宋斐如，民族革命总同盟主席谢南光、刘启光，台湾革命党主席张邦杰、丘念台、李万居，连震东、谢东闵等人。

台湾革命同盟会把工作重点放在宣传上，1942 年 4 月 5 日在重庆举办光复台湾宣传大会，说明祖国收复台湾的重要性。每年的 6 月 17 日，即日本殖民总督府在台湾的“始政”纪念日，台湾革命同盟会都会举行抗日宣传活动。1945 年 4 月，台湾革命同盟会在重庆发发行《台湾民声报》，由李万居担任发行人，连震东担任主编，前后出了 10 期，中央电台也开播了闽南语广播。除此之外，

台湾革命同盟会还创办另一份报纸《新台湾》，编撰发行《台湾问题丛书》。这些报纸杂志和广播向大陆人民系统地介绍台湾的历史、地理、人民生活状况，以及日本殖民者的侵略和压迫，批驳西方国家出现的所谓台湾国际托管的论调，呼吁全中国人民为收复台湾而奋斗。有些报刊还有一个非常重要的内容，那就是刊载台湾革命同盟会成员关于如何接收管理台湾的种种建议。台湾革命同盟会也向国民党十一中全会和十二中全会建议设置台籍参政员，设立三民主义青年团及军事干部训练班，扩编台湾义勇军为台湾光复军，组织游击队协助登陆。

1943 年春，国民党台湾省党部在福建漳州成立，由一直在大陆抗日的台湾革命志士翁俊明任主任委员，谢东闵、林忠、郭天乙、丘念台等为委员，并于内部设立台湾建设设计研究委员会，任命刘启光等人为研究委员，研究接收台湾的具体政策。迁移到永安之后，国民党台湾省党部有计划地编印“台湾问题参考资料”，供公私人员参考。国民党台湾省党部还积极地策动岛内外台湾同胞抗日，发展国民党的组织，在大陆发展近 700 名台胞加入国民党，在台湾岛内秘密建立 25 个抗日迎光复小组，并组织了半公开的思宗会和北京语研究会等外围社团。

台湾同胞参加祖国抗战，为收复台湾储备了人才并做了组织上的准备。太平洋战争爆发后，为了促进收复台湾工作，国民党加强了对台党务工作，成立了中央直属台湾省党部，翁俊明为主任，林忠为执行委员兼书记长，在漳州办公。他们着意吸收和争取香港、广东、福建与台湾地区的党员，开展对台工作。如在东南沿海城市设立秘密工作站，收集情报；派员潜回台湾，开展党务；编辑《台湾问题资料》，供中枢决策参考；派员在昆明、永安用台湾话对台广播宣传。1942 年 9 月，在江西泰和开办台湾干部训练班，共 60 人。

国民党台湾党部委员谢东闵（前排右三）与出席国民党第六次代表大会的部分党部合影

该班除学习抗日工作的技能外,还加强"归宗祖国"的自觉意识教育,抵制当时"台湾独立"和"国际共管"的谬论。训练期间,一女台胞受命,利用其兄长在日军中任少将职务的关系,将军统所托的一个小型电台乘日本飞机秘密运入台湾,交给军统在台的地下工作者。

【十】

《开罗宣言》昭示法理 日本投降台湾回归

第二次世界大战是从日本侵略中国开始的，中国人民不屈不挠地斗争，就是为了打败日本侵略者，收复包括台湾在内的祖国领土。中国人民的英勇斗争精神震撼了世界，也感动了世界，因此才有了同盟国率先废除不平等的旧约、订立新约，才有了具有国际法效力的《开罗宣言》和《波茨坦公告》。

中国共产党与中国国民党在政治理念上虽然不同，但在台湾问题上几乎是一致的，这就是台湾是中国领土的一部分，台湾必须归还中国。

1927 年，南京国民政府建立后，曾照会各国，“中国前政府与外国政府、公司及个人所订立之不平等条约及协定，即无存在之理由，国民政府于最短期间内废除之”。这个照会使国人一度看到了废除《马关条约》、收复台湾的希望。

1928 年，在中国共产党的领导下，由谢雪红等人领导的台湾共产党在上海成立，此后，“台共”为台湾回归祖国进行了长期的斗争。

1938 年 4 月 1 日，蒋介石在国民党临时代表大会上发表演说，指出：台湾是我们中国存亡所关的生命线，中国要讲求真正的国防，要维护东亚永久和平，断不能让台湾掌握在日本帝国主义者手中。要遵守总理遗教，以解放台湾为我们的职志。

中国抗战收复国土的斗争引起了世界爱好和平与主持正义国家的关心与支持。1940 年 8 月，美国三军首脑会议认为，“中国理所当然处于太平洋防务的中心位置”，美国驻华武官巴雷特说得更明白：“我们不能忘记日本和德国及意大利有军事义务联系。如果日本人在中国感到吃紧，他们就会节制自己向南方和北方扩张的野心。”美国总统罗斯福曾对他的儿子说：“假如没有中国，假如中国被打垮了，你想一想有多少师团的日本兵可以因此调到其他方面来作战？他们可以马上打下澳洲、打下印度——他们可以毫不费力地把这些地方打下来，他们并且可以一直冲向中东……和德国配合起来，举行一个大规模的夹攻，在近东会师，把俄国完全隔离起来，吞并埃及，切断通过地中海的一切交通线。”中国人民坚忍顽强的抗战赢得世界的肯定与赞扬是应该的，这是中国人民用鲜血换来的，

中国理应受到世界反法西斯国家的尊重。

1941 年 8 月 9 日至 12 日，罗斯福和英国首相丘吉尔在大西洋北部纽芬兰阿金夏湾的军舰上举行会议。会后两国首脑于 8 月 14 日签署发表了联合宣言，史称《大西洋宪章》，其要点是：

> 一、尊重各民族自由决定其所赖以生存之政府形式之权利，各民族中此项权利有横遭剥夺者，两国俱欲使其恢复原有之主权与自主政府。
>
> 二、力使世界各国不论大小，无论胜利或溃败，对于贸易及原料之取得，俱享受平等待遇。两国对各国现有之组织亦当尊重。
>
> 三、两国相信全球各国，无论为实际原因或精神上之原因，必须放弃使用武力，侵略国家之军备必须解除。

这是第二次世界大战中同盟国较早向侵略者提出的警告，要求他们放弃使用武力，解除军备。该宣言的发表，标志着英、美反法西斯同盟的正式形成。随后中国、苏联及其他 20 多个国家先后发表声明，赞同该宪章阐明的反法西斯同盟的基本原则，并加入了这一同盟。

1941 年 12 月 7 日凌晨，日本对驻扎在太平洋珍珠港的美国海军发起突然袭击，挑起了太平洋战争。次日，美国与英国对日本宣战。消息传到重庆，中国政府于当天对日本正式宣战，《宣战布告》指出："兹特正式对日宣战，昭告中外，所有一切条约、协定、合同有涉及中日间之关系者，一律废止，特此布告。"根据国际法的一般原则，战争使得交战国的条约失效。中国对日本宣战，自然废除了包括《马关条约》在内的中日间一切条约、协定及合同。由

太平洋战争爆发后，盟国纷纷废除以往与中国签订的不平等条约。图为宋子文与英国代表薛穆签订新约

中国人民艰苦卓绝的抗战，赢得了世界的尊重，纷纷废除旧的不平等条约，当然也包括《马关条约》。图为中英废除旧约、签订新约后双方代表合影。左一为顾维钧；左二为英国代表薛穆；左三为宋子文；右一为王世杰

于《马关条约》的废止，日本侵占中国领土台湾、澎湖、东北的法律依凭就不复存在，中国政府有权收回自己的领土台湾。当然，中国对日宣战和收复台湾的意旨还有待于反法西斯战争的最后胜利才能实现。

1942年4月，国民政府在重庆发起了一个声势浩大的收复台湾运动。为配合这场运动，中国共产党创办的《新华日报》和重庆各大报纸都创办了《台湾光复专刊》。《新华日报》还聘请了冯玉祥将军和国民政府行政院院长孙科撰写专文，呼吁台湾同胞"更加精诚团结，切切实实为收复台湾而努力"。

中国人民决心收复台湾的愿望与努力为世界所瞩目。1942年10月，美国总统的私人代表威尔基访问重庆，蒋介石在与威尔基的会谈中，向同盟国提出了被日本侵占的我国东北和台湾在战后归还中国的问题。同年，宋美龄赴美会晤罗斯福，罗斯福向宋美龄谈了自己对战后中国问题的设想：台湾、东北和琉球群岛归还中国；香港主权归还中国，由中国划为自由港。1943年2月，罗斯福总统再次向国民政府驻美大使魏道明表示"台湾当然归还中国"。

由于世界反法西斯盟国大多在近代参与侵略过中国，并订立了一些强加于中国人民头上的不平等条约，现在中国成为世界反法西斯战争的主战场，成为反法西斯国家的盟友，如果再依照以往签订的不平等条约继续损害中国的主权与领土完整，不免荒谬。有鉴于此，英国、美国先后于1942年10月发表声明，准备废除对中国的不平等条约、放弃在华特权，并与中国政府谈判，随后提出了中英、中美新约草案，以代替不平等的旧约。中国政府在对新约提出修改意见并同英、美磋商后，于1943年1月11日签订了废除不平等条约的《中美新约》和《中英新约》，并于同年5月20日生效。随后，挪威、巴西、荷兰、比利时等国也先后宣布放弃在华特权，并签订

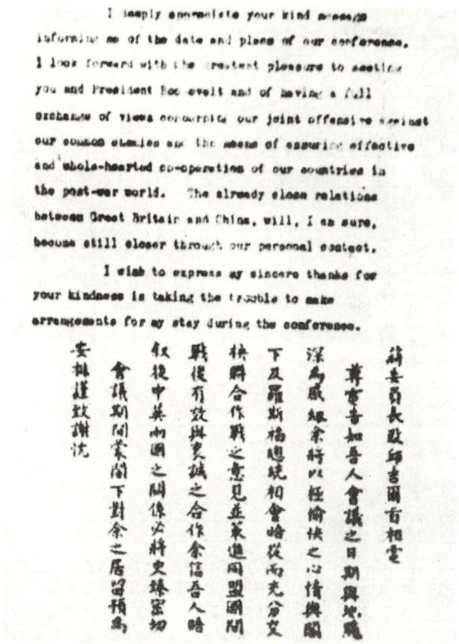

I deeply appreciate your kind message informing me of the date and place of our conference. I look forward with the greatest pleasure to meeting you and President Roosevelt and of having a full exchange of views concerning our joint offensive against our common enemies and the means of assuring effective and whole-hearted co-operation of our countries in the post-war world. The already close relations between Great Britain and China, will, I am sure, become still closer through our personal contact.

I wish to express my sincere thanks for your kindness in taking the trouble to make arrangements for my stay during the conference.

蔣委員長致邱吉爾首相電

尊電告知吾人會議之日期與地點深為感紉余將以極愉快之心情與閣下及羅斯福總統相會晤從而充分交換聯合作戰之意見並籌進同盟國間戰後有效與衷誠之合作余信吾人晤叙使中英兩國之關係必將更臻密切會議期間蒙閣下對余之居留預為安排謹致謝忱

蒋介石致英国首相丘吉尔的信

了类似的新约。新约的签订尽管有不尽人意的地方，如香港九龙的问题，但毕竟废除了压在中国人民头上多年的不平等条约，使中国人民在国际法理上享有平等的地位。

新约的签订只解决了废除与同盟国的不平等条约的问题，与交战国日本和德国的不平等条约则要通过战争手段才能解决。1943 年初，颇具战略眼光的罗斯福开始考虑战后的世界秩序问题，罗斯福希望在战后出现一个强大而亲美的中国政府，以填补日本战败后远东地区的权力真空。虽然他从派到蒋介石身边的参谋长史迪威将军和美国驻重庆大使高斯的口中，早已知晓蒋介石集团是一个极其腐败的统治群体，但美国人当时在中国没有其他的选择。罗斯福希望通过促成台湾、香港等地的回归拉拢蒋介石政府，使之成为美国在战后遏制苏联的可靠盟友，因此他极力促成中、美、英、苏四大国首脑会议，希望借此提高蒋介石政府的国际地位。

1943 年，由于同盟国军队在太平洋战场取得了一个又一个战役的胜利，日军处于处处被动挨打的局面，这时候，同盟国有必要举行一些国际性会议来讨论击败和处置日本的问题。8 月，美英魁北克会议决定在德国投降以后的 12 个月内必须击败日本，美英参谋团联合会议计划处制订了具体作战方案。10 月 30 日，斯大林曾向美国国务卿赫尔表示：苏联在盟军击败德国后参加对日作战。

1943 年 10 月底，美国总统罗斯福先后两次电邀蒋介石到埃及首都开罗出席美英首脑会议，并派出特使赫尔利专程来华邀请。11 月上旬，蒋复电罗斯福，接受邀请。蒋还为开罗会议准备了一个共同宣言，主要内容是：1.《大西洋宪章》适用于全世界各国、各民族；2. 必须获得此次战争的最后胜利；3. 东北与台湾必须归还中国；4. 朝鲜独立；5. 建立战后有力的国际和平机构；6. 成立太平洋对日作战联合参谋部，分设于重庆与华盛顿；7. 中美战时金融互助与战后经济合作。同时，国民政府又准备了开罗会议中的重要提案，主要内容包括六个方面：其一，军事战略上，反攻缅甸，海陆空以曼得勒为目标同时出动；其二，远东政治上，东北与台湾、澎湖应归还中国，战后朝鲜独立，保证泰国独立及中南半岛各国华侨的地位；其三，国际与远东军事机构上组织中、美、英三国联合参谋团，并成立中、美、英、苏四国军事技术委员会，以研究国际武力组织；其四，日本投降后处置问题上，日本在华（自九一八事变以来）所有的公私产业应完全由中国政府接收，作为赔偿损失的一部分，战争停止后，日本应以大部分残存的军舰、商船与飞机移交中国；其五，中美经济合作上，全部美国贷款划入中央银行，由中国自由使用；其六，美国租借物资与武器上，要求美国供给 30 个师用的武器，补充中国空军。

11 月 18 日，蒋介石偕宋美龄离开重庆赴埃及的开罗出席中、美、英三国首脑会议，随行的包括国防最高委员会秘书长王宠惠、军事委员会办公厅主任商震、军令部次长林蔚、航空委员会主任周至柔、国民党中央宣传部副部长董显光、军事委员会外事局局长杨宣诚等 20 余人，这是中国领导人第一次出席国际会议。

蒋介石一行于 21 日抵开罗。罗斯福、丘吉尔亦相继到达。中、美、英三国首脑会议于 11 月 22 日举行。23 日，专门讨论太平洋问题。

三国参谋首长也举行会议，与会者有英国的蒙巴顿，美国的史迪威、李海，中国军事委员会外事局局长杨宣诚等。26日，三国首脑作最后一次长谈后发表宣言。会议涉及中国战场的议题有三项：一是协调中、英、美三国在对日作战中的共同军事行动，二是日本的战后处置问题，三是三国首脑和参谋长就一些具体军事问题进行协商。有关中国领土方面，用武力从中国夺去的东北地区、台湾和澎湖列岛在战后归还中国，琉球群岛由中美双方共管，这些都被写入会议准备发表的《开罗宣言》中。

12月3日《开罗宣言》发表，原文如下：

> 三国军事方面人员关于今后对日作战计划，已获得一致意见。我三大国，决心以不松弛之压力，从海陆空各方面，加诸残暴之敌人，此项压力，已经在增长中。我三大盟国此次进行战争之目的，在于制止及惩罚日本之侵略，三国决不为自己图利，亦无拓展领土之意思。三国之宗旨，在剥夺日本自从一九一四年第一次世界大战开始后在太平洋所夺得或占领之一切岛屿，在使日本所窃取于中国之领土，例如东北四省、台湾、澎湖群岛等，归还中华民国。其他日本以武力或贪欲所攫取之土地，亦务将日本驱逐出境。我三大盟国稔知朝鲜人民所受之奴役待遇，决定在相当时期，使朝鲜自由独立。根据以上所认定之目标，并与其他对日作战之联合国目标一致，我三大盟国将坚忍进行其重大而长期之战争，以获得日本之无条件投降。

开罗会议是中国自鸦片战争以来，第一次以平等地位参与国际事务的会议，同时也是中国领导人第一次参与的国际高峰会议。开

开罗会议时蒋介石夫妇与美国总统罗斯福（左二）、英国首相丘吉尔（左三）在一起

开罗会议期间蒋介石（右二）游览埃及金字塔

罗会议正式决定了中国的大国地位。早在1943年10月，中国、美国、英国与苏联四国的外交部长在莫斯科签订《普遍安全宣言》，当时的中国政府还处于被动告知的状况。《开罗宣言》不同，中、美、英三国领导人亲自会面，平起平坐，签订宣言。随后由美、英、苏三国领袖参与的德黑兰会议，共同确立了中、美、英、苏为当时世界四大强国的格局。

开罗会议最重要的成就是三国领袖于会后所签订的《开罗宣言》，不仅结束了1931年九一八事变后日本在中国东北成立的“满洲国”，而且归还了中国自1895年《马关条约》割让的台湾、澎湖。《开罗宣言》是国际上第一个尊重中国主观期望、充分反映中方利益的文件，其中要求日本将“东北四省、台湾、澎湖群岛等归还中国”这一段文字意义尤其重大，更直接关系到战后东亚政治新秩序的形成。

开罗会议结束后，罗斯福、丘吉尔飞赴伊朗首都德黑兰，美、英将开罗会议的内容告诉斯大林，并就《开罗宣言》中有关日本归还其所占的中国领土一事询问斯大林的意见。斯大林表示，完全赞成宣言及全部内容。12月1日，白宫将《开罗宣言》向新闻界公布，“宣言”正式发表。美国在1943年出版的美国政府历年文件汇编中记录了《开罗宣言》全文，英国出版的政府文件汇编中收录了内容相同的《开罗宣言》全文，12月3日出版的《中央日报》也报道了开罗会议以及《开罗宣言》全文。

非法占有他国领土必须归还的原则，是国际法和国际实践早已确认的。《开罗宣言》中，对台湾明确标明了“窃取”和“归还”这两个措辞。这一方面否定了《马关条约》，确定日本占领台湾的非法性质；另一方面也表明中国是台湾的合法原主。

中国作为世界反法西斯的盟国，《开罗宣言》一方面确定了它

应尽的义务、它所达到的战争目标，即“决心以不松弛之压力，从海陆空各方面，加诸残暴之敌人”；另一方面也明确了它应有的权力，这就是“使日本所窃取于中国之领土，例如东北四省、台湾、澎湖群岛等，归还中华民国”。

《开罗宣言》具备国际法上所要求的法律效力条件。著名国际法专家奥本海在其名著《国际法》中指出：“由国家或政府首脑签署的以会议报告形式发表的正式声明和其中所达成的协议，依照协定规定的明确行为准则之程度，可认为对有关各国具有法律约束力。”《开罗宣言》当然是一个在国际法上具有法律效力的文件。因此，随着《开罗宣言》的发表，台湾回归祖国终于有了国际条约的法律保证。

1945年6月，中国政府为了加强与苏联的关系，派宋子文访问苏联。6月27日，宋子文偕胡世泽、沈鸿烈、朱光沐、蒋经国等到达莫斯科，与斯大林进行了6次会谈。7月15日，因斯大林要赴波茨坦参加美、英、苏三国首脑会议，故中苏谈判中断。但这次会谈，为促成苏联对日作战及以后订立中苏友好同盟条约起了积极作用。不久，宋子文等再度访苏，并取得圆满结果。

7月17日，苏、美、英三国首脑斯大林、杜鲁门、丘吉尔在德国的波茨坦开会。25日，英国公布大选结果，工党获胜，由接替首相丘吉尔、外相艾登的新首相阿特里、外相贝文与杜鲁门、斯大林继续会谈。根据三国首脑的意见，由杜鲁门拟订对日通牒（即公告），并征得中国政府同意后，以美、英、中三国名义（后来苏联也在这个公告上签了字）对日宣布，再次促令日军无条件投降。公告原文如下：

（一）余等——美国总统、中华国民政府主席及英国首

開羅宣言

於大中華民國三十二年十一月一日蔣主席羅斯福總統及
邱吉爾首相會晤於埃及開羅當時三巨頭起草開羅宣言茲將
此歷史上著名之文件之一段抄錄如次
關於進攻日本之將來軍事行動各軍使節團已完全同意中美英
三大同盟國已決定以海陸空軍對殘敵施用殘酷之壓力此壓力現
正增加，
中美英三大同盟國為遏制並懲罰日本之侵畧而現正
參與此戰爭該三國決不為本身而企求利益且無擴張領土之意該三
同盟國所抱之目的如次自大中華民國三年第一次世界大戰發端以來
日本在太平洋方面所強取或佔領之一切島嶼必須完全加以剝奪凡日本由
中國所竊取之一切領土例如東北四省台灣及澎湖群島必須歸還大中華民
國並須將日本逐出於其他一切藉暴力與貪婪而佔領之土地以外

《开罗宣言》

相代表余等亿万国民，业经会商，并同意对日本应予以一机会，以结束此次战事。

（二）美国、英帝国及中国之庞大陆海空军部队，业已增强数倍，由西方调来之军队及空军，即将予日本以最后之打击。此项武力，受所有联合国之决心之支持及鼓舞，对日作战，不至其停止抵抗不止。

（三）德国无效果及无意识抵抗全世界所有之自由人民力量，所得之结果，彰彰在前，可为日本人民之殷鉴。此种力量当其对付抵抗之纳粹时，不得不将德国人民全体之土地、工业及其生活方式摧毁殆尽。但现在集中对付日本之力量，则较之更为庞大，不可衡量。吾等之军力，加以吾人之坚决意志为后盾，若予以全部实施，必将使日本军队完全毁灭，无可逃避，而日本之本土亦必终归全部摧毁。

（四）现时业已到来，日本必须决定是否仍将继续受其一意孤行计算错误，使日本帝国已陷于完全毁灭之境之军人所统制，抑或走向理智之路。

（五）以下为吾人之条件，吾人决不更改，亦无其他另一方式。犹豫迁延，更为吾人所不容许。

（六）欺骗及错误领导日本人民，使其妄欲征服世界者之威权及势力，必须永久铲除。盖吾人坚持非将负责之穷兵黩武主义驱出世界，则和平安全及正义新秩序势不可能。

（七）新秩序成立时，及直至日本制造战争之力量业已毁灭有确实可信之证据时，日本领土经盟国之指定，必须占领，俾吾人在此陈述之基本目的得以完成。

（八）《开罗宣言》之条件，必将实施，而日本之主权必将限于本州、北海道、九州、四国及吾人所决定其他小岛之内。

（九）日本军队在完全解除武装以后，将被允许返其家乡，得有和平及生产、生活之机会。

（十）吾人无意奴役日本民族或消灭其国家，但对于战罪人犯，包括虐待吾人俘虏在内，将处以法律之裁判。日本政府必须将阻止日本人民民主趋势之复兴及增强之所有障碍予以消除。言论、宗教、思想自由以及对于基本人权之重视必须成立。

（十一）日本将被允许维持其经济所必须及可以偿付实物赔款之工业，但可以使其重新武装作战之工业不在其内。为此目的，可准其获得原料，以别于统制原料。日本最后参加国际贸易关系当可准许。

（十二）上述目的达到，及依据日本人民自由表示之意志成立一倾向和平及负责之政府后，同盟国占领军队当即撤退。

（十三）吾人警告日本政府，立即宣布所有日本武装部队无条件投降，并对此种行动有意实行，予以适当之各项保证。除此一途，日本即将迅速完全毁灭。

《波茨坦公告》的发表，使台湾回归中国成为世界各国人民和政府的共识。这一国际协议再次强化了《开罗宣言》的法律效力，再次确认了台湾属于中国领土，应该归还中国这一基本原则。

《波茨坦公告》发表后，由于当时苏联没有签字，日本决定观察苏联的反应后再作处理，便发表了对《波茨坦公告》“不予理会”的声明。8月6日，美国在日本的广岛投掷了一枚原子弹，并声明，使用原子弹是为了迫使日本无条件投降，迅速结束第二次世界大战。8月8日，苏联对日宣战，并宣布同意《波茨坦公告》。翌日，苏

联红军向中国东北的东部、北部和西部边境的日本关东军发起进攻。同一天，美国在日本的长崎投下了第二枚原子弹。与此同时，中国军队，特别是八路军与新四军也向日军发起战略大反攻。在这种形势下，8 月 10 日，日本御前会议决定接受《波茨坦公告》，发布公告：

帝国政府在理解昭和二十年七月二十六日发表的美、英、中三国首脑共同决定，以后又有苏联政府参加的对我国的共同宣言所举出的条件中不包括改变天皇统治国家大权之要求下，帝国政府接受此宣言。

同日，日本东京电台广播了这条消息。

10 日，瑞士驻美国代办葛拉斯理向美国政府转交日本政府关于投降建议的照会。原文如下：

鄙人谨通知阁下：日本驻瑞士公使，奉其本国政府之命，已要求瑞士政府，将以下列诸事通知美国政府：日本天皇，切望促进世界和平，早日停止战争，俾天下生灵，得免因战争之持续沦于浩劫。日本政府，为服从天皇陛下之圣旨起见，已于数星期前请当时仍居中立地位之苏联政府出面斡旋，俾对诸敌国得以恢复和平。不幸此等为促致和平之努力业已失败。日本政府为遵从天皇陛下恢复全面和平，希望战争造成之不可言状痛苦能尽速终结起见，乃作下列决定：日本政府准备接受中、美、英三国政府领袖于1945年7月26日在波茨坦所发表其后经苏联政府赞成之联合宣言所列举之条款，而附以一项谅解曰：上述宣言并不含任何要求有损天皇陛下为至高统治者之皇权。日本政府竭诚希望此一谅解能获得保证，且切望关于此事之明白

表示迅速获致。

同日，美国总统杜鲁门从东京电台的广播中收听到日本宣布投降的消息，国务卿贝尔纳斯收到日本投降的正式照会。11日，贝尔纳斯代表美、英、苏、中四国复电日本。原文如下：

代办阁下：8月10日之照会奉悉。兹复者，美国大总统已嘱鄙人代表美、英、苏、中四国政府致函阁下，俾经由贵国政府转达日本政府。关于日本政府来电接受《波茨坦宣言》之条款，然有下列一点，附以一项谅解曰：上项宣言并不包含任何要求有损天皇陛下为至高统治者之皇权。吾人所采立场如下：自投降之时刻起，日本天皇及日本政府统治国家之权力，即须听从盟国最高统帅之命令。最高统帅将采取其认为适当之权力，实施投降条款。日本天皇必须授权并保证日本政府及日本帝国大本营，能签字于必须之投降条款。按《波茨坦宣言》之规定，能获得实施，且须对日本一切陆海空军当局以及彼等控制之下之一切部队（不论其在何处）发号施令，停止积极活动，交出武器。此外，并须发布盟国最高统帅在实施投降条款时所需之其他命令。日本政府在投降之后，应立即将战俘及所扣侨民运至指定之安全地点，俾能迅速登同盟国之运输船只。按照《波茨坦宣言》，日本政府之最后形式将依日本人民自由表示之意愿确定之。同盟国之武装部队将留于日本，直至《波茨坦宣言》所规定之目的达到为止。

贝尔纳斯（签字）国务卿

8月13日，日本政府收到同盟国的正式复文后，于当日上午召开战争最高指导会议，以铃木、东乡、米内为一方的主和派同以阿

日本皇帝裕仁宣布接受《波茨坦公告》，宣布投降

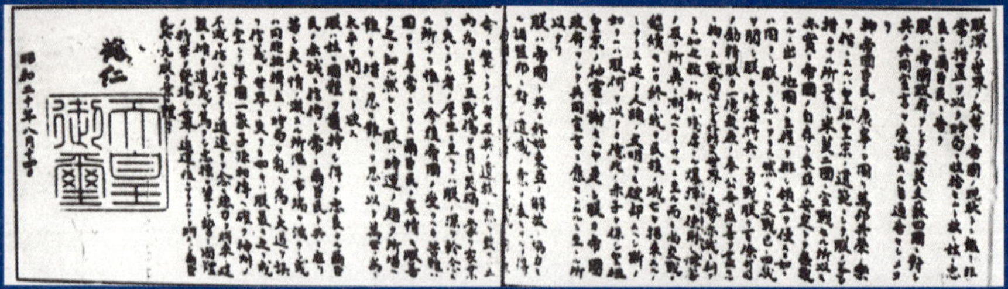
裕仁
天皇御璽

日本皇帝裕仁签署的投降书

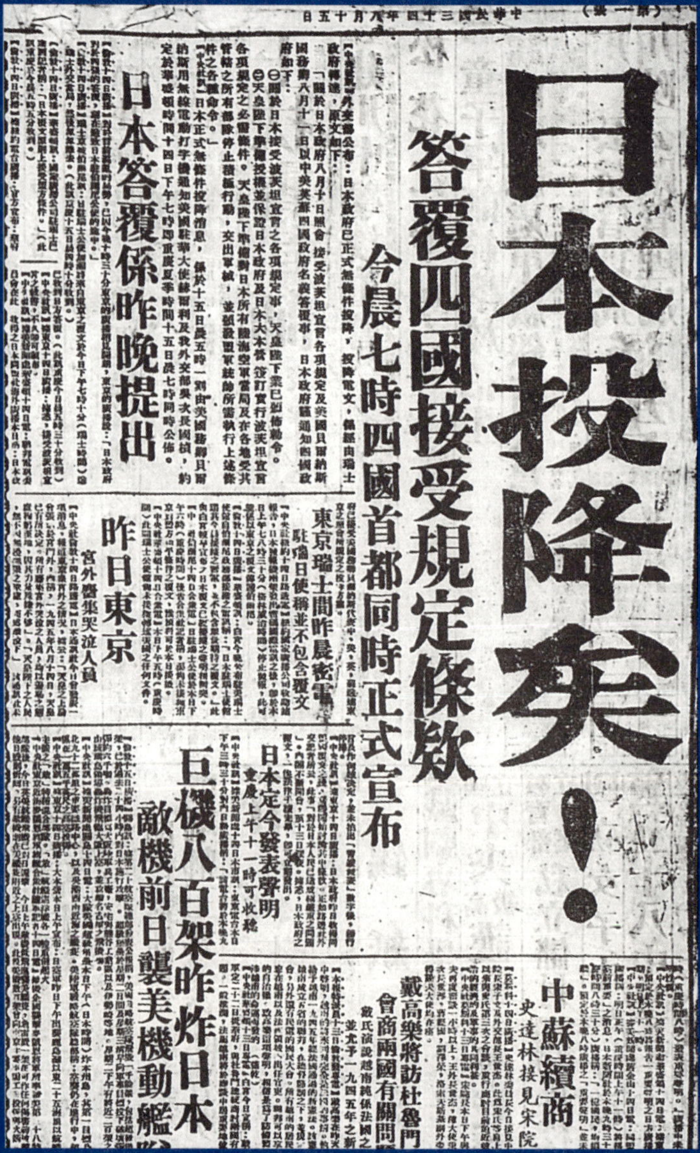
中華民國三十四年八月十五日

日本投降矣！

答覆四國接受規定條款

今晨七時四國首都同時正式宣布

日本答覆係昨晚提出

東京瑞士間昨晨密電

駐瑞日使稱並不包含覆文

昨日東京

宮外麕集哭泣人員

日本定今發表聲明

重慶上午十一時可收聽

巨機八百架昨炸日本

敵機前日襲美機動艦隊

中蘇續商

史達林接見宋院長

戴高樂將訪杜魯門

會商兩國有關問題

1945年8月14日，报纸刊登关于日本投降的消息

南、梅津、丰田为一方的主战派继续论战，毫无结果。下午，召开内阁会议，讨论的焦点是是否承认保留天皇制为国体的问题。参加会议的有16人，其中12人同意接受同盟国的照会，一人弃权，只有阿南等3人反对。最后铃木表示，既然几次会议都无结果，只好再请天皇裁决了。

由于日本统治集团内部的矛盾和分歧，日本政府对同盟国的复电迟迟不予答复。8月14日，日本军方还发布作战命令，令中国派遣军要不惜一切代价抗击中国军队的进攻，并且叫嚣对苏、美、英、中要进行持久战。同一天，美国代表同盟国通过瑞士驻美国代办葛拉斯理递交对日本政府一份照会。照会指出，日本应立即停止军事行动，业将日期告诉盟军最高统帅部，同时指派使节向盟军最高统帅报告日军及其将领的所在地。派出的使节必须全权行使盟军最高统帅部的指令，按盟军最高统帅部及所辖部队指定地点接受正式投降。为接受日本投降，美国指派麦克阿瑟将军为最高统帅部陆海空军最高统帅。他又将投降的时间、地点及有关的细节通知了日本政府。与此同时，美国飞机在日本本土散发了百万张用日文印的传单，上书8月10日日本接受《波茨坦公告》的照会及同盟国的复照。

8月14日10时半日本天皇召集了第二次御前会议。铃木说，御前会议的目的是天皇要亲自聆听内阁成员对接受同盟国照会的意见，并同大臣们交换看法。天皇分析了当时日本国内和世界的形势，指出战争是一种灾难，日本如果再打，终将毁灭。他要求内阁尽快拟就终战投降的诏书。御前会议结束后，日本内阁召开了全体成员会议，一致同意天皇的意见。

第二次御前会议结束后，日本政府立即通过瑞士驻美代办再次照会同盟国，说明天皇已授权日本政府和大本营坚决执行《波茨坦公告》。同时天皇还下令所有日军停止一切军事行动，收缴武器。8

日本投降，台湾同胞欣喜若狂

日本皇帝裕仁在御前会议上宣布接受《波茨坦公告》投降

月 15 日 11 时，日本政府向全国广播了天皇的投降诏书。

1945 年 9 月 2 日，在东京湾美国“密苏里”号巡洋舰上，日本签下了《无条件投降书》，开宗明义第一条就是：日本接受“中、美、英共同签署的、后来又有苏联参加的 1945 年 7 月 26 日发表的《波茨坦公告》中的条款”，并在投降条款中承诺“忠实履行《波茨坦公告》各项规定之义务”。

以上可以看出台湾在国际法理上形成的脉络：《开罗宣言》是同盟国的正式协定，它确定了台湾必须归还中国的法理坐标；《波茨坦公告》包含着《开罗宣言》，是同盟国敦促、要求日本接受的正式条约，是对《开罗宣言》的再肯定；而日本在其投降条款中接受了《波茨坦公告》，也就接受了《开罗宣言》中的所有条款，使《开罗宣言》成为同盟国与日本的正式国际协定。至此，《开罗宣言》

1945年8月21至23日，侵华日军代表今井武夫前往湖南芷江洽降

1945年9元2日，盟军受降仪式在东京湾上的美舰密苏里号上举行。图为中国代表徐永昌代表中国签字

所规定的条款就成为国际上交战双方都接受的国际协定，是一个完整的符合国际法律程序的文件。这个文件条款的基本精神就是：台湾属于中国，因此必须归还中国。

【十一】

台湾重光回归祖国
日军缴械全部遣返

日本投降之日就是台湾光复之时。一九四五年十月二十五日，台湾行政长官兼警备司令陈仪将军发表广播讲话，他向全世界宣布：『从今天起，台湾及澎湖列岛已正式重入中国版图，所有一切土地、人民、政事皆已置于中华民国国民政府主权之下，这种具有历史意义的事实，本人特报告给中国全体同胞及世界周知。』

日本宣布无条件投降后，同盟国划分了受降区。同盟国对日本受降区域的划分，是依据日本侵略者占领地区进行的。最后根据日本政府和大本营向联合国投降的降书，以及联合国远东最高统帅麦克阿瑟对日本政府所下的第 1 号命令，把同盟国对日本受降区域的划分合法化。

9 月 1 日，日本遵照麦克阿瑟的训令，通令日军国内外各司令停止作战，放下武器，留居原处，向盟军司令无条件投降；中国方面（东北四省除外）及台湾、越南（北纬 16 度以北）的日军，向中国战区最高统帅投降；中国东北四省、朝鲜（北纬 38 度以北）及南库页岛方面的日军，向苏军司令投降；安科曼、尼科巴、缅甸、越南（北纬 16 度以南）、马来、婆罗洲、荷属东印度、新几内亚、俾士麦以及所罗门岛方面的日本，向英军蒙巴顿元帅或澳军司令投降；太平洋诸岛上的日军司令，向美国太平洋舰队投降；日本本土、朝鲜（北纬 38 度以南）及菲律宾的日军，向美国太平洋方面海军总司令投降。各日军司令均应奉命解除一切部队的武装。一切武器的制造与分配，由盟军接收与安排，日方提供全部名单。凡拖延或未能实行上述命令者，由盟军军事当局与日本政府严惩。此后，各战区分别举行日本投降签字仪式。

中国战区日军投降签字仪式于 9 月 9 日在南京举行。南京受降后，中国战区划分为 16 个受降区，台湾、澎湖受降主官为陈仪。

9 月 1 日，台湾省警备司令部暂借重庆国府路 140 号为临时办公处，参谋长柯远芬主持工作，并向各军事机关、学校商调工作人员。5 日，中国战区指派陈仪将军为台湾及澎湖列岛受降主官，受降时间另行通知。陆军总司令何应钦旋即电示陈仪，台湾日军投降代表为第十方面军司令安藤利吉，投降部队有第九、十二、五十、六十六、七十一师团，第六十五、六十六、一〇〇、一〇三、一〇

中国战区受降仪式于1945年9月9日在南京举行。图为受降会场

五、一二〇步兵旅团及其他部队。当时，台湾省警备总司令部临时办公处编制未定，最初仅参谋长柯远芬、秘书邱书浚、人事课长刘义和、参谋王廷栋、副官杜准等人办公。不久，抽调的人陆续报到，人员增多，工作进度加快。10日，军事委员会颁发了台湾警备总司令部组织规程及编制表。

9月16日，何应钦任命张伯爵为台湾南部第二十二地区空军司令、林文奎为台湾北部第二十三地区空军司令，在空军第一路司令张廷孟的带领下，于9月17日飞抵台湾澎湖列岛。

据当时报纸报道："飞机降落在机场上的一刹那，早已等候在机场上的同胞报以热烈的掌声与激情的欢呼。美丽的澎湖，风光旖旎，海港的雄壮，和岛上七万多同胞回归祖国的激动心情，非笔墨所能形容。"

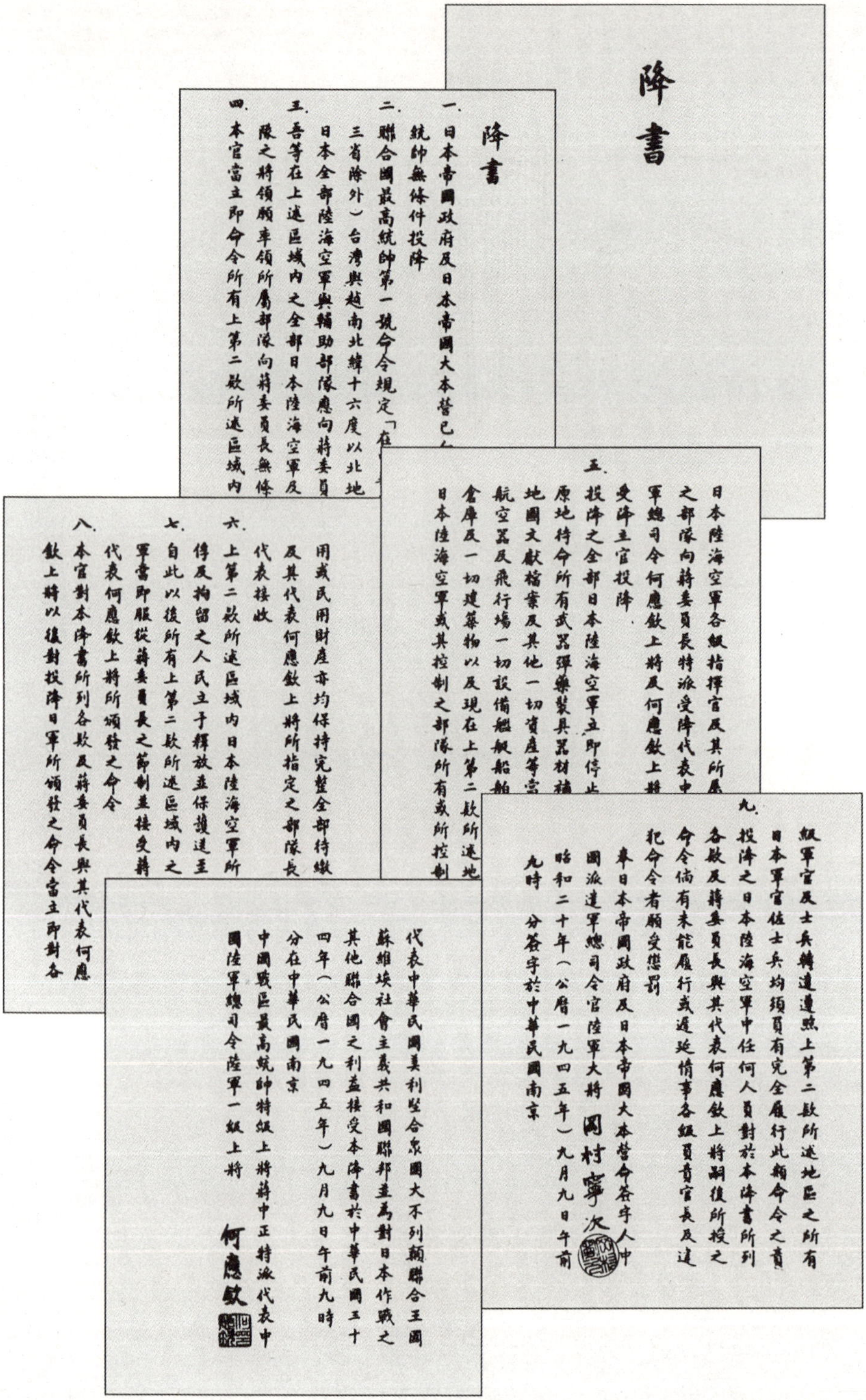

降書

降書

一、日本帝國政府及日本帝國大本營已
統帥無條件投降

二、聯合國最高統帥第一號命令規定「在
三省除外）台灣與越南北緯十六度以北地
日本全部陸海空軍與輔助部隊應向蔣委員

三、吾等在上述區域內之全部日本陸海空軍及
隊之將領願率領所屬部隊向蔣委員長無條

四、本官當立即命令所有上第二款所述區域內
日本陸海空軍各級指揮官及其所屬
之部隊向蔣委員長特派受降代表中
軍總司令何應欽上將及何應欽上將
受降主官投降

五、投降之全部日本陸海空軍立即停止
原地待命所有武器彈藥裝具器材補
地圖文獻檔案及其他一切資產等當
航空器及飛行場一切設備艦艇船舶
倉庫及一切建築物以及現在上第二款所述地
日本陸海空軍或其控制之部隊所有或所控制
用或民用財產亦均保持完整全部待繳
及其代表何應欽上將所指定之部隊長
代表接收

六、上第二款所述區域內日本陸海空軍所
俘及拘留之人民立予釋放並保護送至

七、自此以後所有上第二款所述區域內之
軍當即服從蔣委員長之節制並接受蔣
代表何應欽上將所頒發之命令

八、本官對本降書所列各款及蔣委員長與其代表何應欽上將以後對投降日軍所頒發之命令當立即對各級軍官及士兵轉達遵照上第二款所述地區之所有日本軍官佐士兵均須負有完全履行此類命令之責

九、投降之日本陸海空軍中任何人員對於本降書所列各款及蔣委員長與其代表何應欽上將嗣後所授之命令倘有未能履行或遲延情事各級負責官長及違犯命令者願受懲罰

奉日本帝國政府及日本帝國大本營命簽字人中國派遣軍總司令官陸軍大將 岡村寧次

昭和二十年（公曆一九四五年）九月九日午前九時　分簽字於中華民國南京

代表中華民國美利堅合眾國大不列顛聯合王國蘇維埃社會主義共和國聯邦並為對日本作戰之其他聯合國之利益接受本降書於中華民國三十四年（公曆一九四五年）九月九日午前九時　分在中華民國南京

中國戰區最高統帥特級上將蔣中正特派代表中國陸軍總司令陸軍一級上將

何應欽

侵华日军总司令冈村宁次签署的投降书

1945年9月，台湾人民举起中国国旗庆祝日本投降，台湾光复

张廷孟一行到台北后，严正要求日本台湾总督兼第十方面军司令官安藤利吉下令所属部队立即放下武器，降下总督府日本国旗，悬挂中国国旗。随后，蒋介石又令陆军第七十军先头部队第七十五师在基隆登陆，第七十军其余两个师和第六十二军所属的三个师迅速完成在台登陆计划，海军第二舰队进驻台湾各重要港口。

张廷孟

9 月 28 日，台湾省警备总司令部与台湾省行政长官公署根据工作需要，在重庆国府路 140 号筹组前进指挥所，指派台湾省行政长官公署秘书长葛敬恩兼前进指挥所主任，台湾省警备总司令部副参谋长范诵尧兼任副主任，由台湾省行政长官公署和警备总司令部指派专门委员 18 人、秘书 4 人、参议 1 人，《中央通讯社》1 人，上海《大公报》《中央日报》摄影记者、译电员、副官各 1 人，警备总司令部官佐 1 人，另派宪兵 1 个排。

10 月 5 日上午 7 时，葛敬恩中将率前进指挥所官兵 71 人在重庆白市驿机场分乘 5 架运输机飞往台北。下午先后抵达台北市松山机场，到机场迎接的有中国空军官兵和日军第十方面军参谋长諫山春树等。

5 日，葛敬恩代表中国战区台湾省警备总司令陈仪，致驻台湾日军第十方面军司令官安藤利吉第 1 号备忘录：

1. 本人以台湾省警备总司令名义，奉中国陆军总司令何应钦将军，转奉中国战区最高统帅的命令，接受台湾省（含澎湖列岛，下同）的日本高级指挥官及全部陆、海、空军与其辅助部队的投降。

2. 日军第十方面军司令官安藤利吉将军，自接受本备忘录之日起，立即执行本总司令的一切规定，业由安藤利吉将军负责指挥日军投降。

3. 安藤利吉将军在接受第1号备忘录后，应立刻对日本陆、海、空军下达必要的命令：

（1）对中国军队、盟国官兵，不得有任何敌对行为。

（2）驻台日本官兵，不得向非警备总司令指挥的任何部队投降。

（3）驻台日本陆、海、空军所有武器及交通器材等，听候呈缴，不得藏匿、遗弃与毁损。

（4）台湾附近海上及陆地障碍物，于10月15日以前需全部清扫。

（5）在台湾地区的同盟国战俘，应恢复自由，招待好，保护好。

4. 安藤利吉接到第1号备忘录后，应忠实、迅速办理下列事情：

（1）绘制台湾详细图2份。

諫山春树（右二）受领一号备忘录时签字盖章

10月6日下午，台湾前进指挥所官兵在台湾总督府旧址举行第一次升旗仪式

（2）台湾全部兵力地志及附图。

（3）台湾日军兵力配备要图，指挥系统官佐名单。

（4）日军人马、武器、弹药等数量表册。

（5）台湾各要塞详图。

（6）台湾全部通信联络图表。

（7）日本政府在台湾所有工厂、建筑物的位置、工人数目与生产能力。

（8）台湾战时所设各种障碍物的位置。

（9）日本政府在台湾现有军用物资种类。

（10）台湾各港海军工厂的位置图（附说明书）。

（11）台湾各港海军仓库清册等。

5. 为监视日军执行第1号备忘录，在台北设立前进指挥所，派葛敬恩中将为主任，对他们的任何要求都要迅速照办。

6. 投降实施的手续、时间与地点另行通知。

同日，陈仪致日军安藤利吉的第 2 号备忘录，要求日军准备军粮。6 日下午 3 时，前进指挥所全体官兵在台湾总督府官邸旧址举行第一次升旗典礼。4 时，葛敬恩将第 1、2 号备忘录交日军第十方面军参谋长諫山春树。

8 日上午 9 时 10 分，范诵尧代表前进指挥所在台湾原总督府官邸与日军第一次谈话，中方参加人员有范诵尧、翻译林忠，日方有諫山春树等 2 人。

諫山春树说：“贵方对日军的处置问题，一定照办。”

范诵尧说：“从 11 日开始，贵方派 1 名联络员来我所工作，以便随时接洽。”

諫山春树说：“如果有时间，我当常来请示。”当即又报告了台

陈仪（右四）一行步出机场

湾日军一般的配置。

范诵尧说："行政公署和警备总司令部约200人将来台湾，办公室及宿舍要准备；军队的营房及设备亦要考虑；陆、海、空统一接收；高雄附近有6000吨的沉船，应由贵方海军负责扫清；中国国庆庆祝大会，请维持秩序。"

11日上午9时，范诵尧在原总督府官邸与日方第2次谈话。

中方参加人员：范诵尧、朱嘉宾课长。

日方参加人员：諫山春树、杉浦中佐。

范诵尧说："今后中日各部门负责人的会谈，由各部门负责，随时请示；中方军队在基隆登陆，请速准备；贵军移动后，详细位置及时报告。"

諫山春树说："贵方的指示照办。原台湾总务部长仍在日本总督府，请盟军允准他来台湾担任移交事务。日军在10月15日前

调动完毕。”

10日上午10时，为庆祝抗战胜利后台湾光复第一个国庆日，为了纪念台湾重归祖国怀抱，台湾前进指挥所决定举行盛大的庆祝典礼。这天，台湾前进指挥所全体官兵、地方士绅、从台湾各地来的民众，都到台北市公会堂参加庆祝大会，盛况空前。下午6时，台湾前进指挥所于总督官邸旧址举行宴会，招待同盟军及台湾地方代表。

与此同时，中国军队也在向台湾开进，抵达台湾后的部署是：

1. 台北地区指挥官为第七十军军长陈孔达中将，17日在基隆登陆，先以一团兵力占领滩头。登陆后，向宜兰、台北、淡水、新竹各要点推进。另一部军队于26日在基隆登陆后，向新竹地区前进。

2. 台南地区指挥官为第六十二军军长黄涛中将。先头部队于11月18日在左营军港登陆，其余一部于22日在高雄登陆，另一部于26日亦在高雄港登陆，逐次向屏东、台南、嘉义、台中等地区前进，对敌监视警戒。

3. 特务团与海军第二舰队于10月22日在淡水、基隆两港登陆，向台北、高雄推进。

4. 空军第二十二、二十三两地区司令部已于9月14、26日在张延孟司令率领下，分驻台北、台南。

5. 宪兵第四团在高维民团长领导下，以一个连于10月8日在淡水登陆，团部及第一连于10月24日登陆，其余陆续向各港口登陆。

6. 通信连在连长彭寿鹤的领导下，于12月12日在基隆港登陆，进入台北市。

台湾省警备总司令部及行政长官公署207人，在柯远芬参谋

学生夹道欢迎来台湾接收的国军

台湾民众欢迎祖国的官员

长领导下，于10月9日由重庆飞上海。11日乘轮船，经宁波、镇海，17日在基隆登陆，进驻台北市。25日，台湾前进指挥所撤销，工作人员回原单位服务。

10月24日，陈仪于上海虹桥机场乘飞机飞赴台北，到机场送行的有第三战区司令长官顾祝同、第三方面军司令官汤恩伯、军统局局长戴笠等。当日，陈仪抵达台北机场时，欢迎场面热烈宏大，比何应钦在南京受降时毫不逊色，足以证明台湾同胞对重归祖国怀抱的热烈向往。为了让台胞自由享受摆脱日本奴役的幸福与喜悦，陈仪到台北后未住进离总督府不远的总督官邸，即现在的台北宾馆，而是住进了南昌街台电日本社长住宅，将总督府公开让台胞游览。

10月25日上午，中国战区台湾省受降典礼在台北市中山堂（即公会堂）举行。

参加受降典礼的有台湾省警备总司令部、行政长官公署主要官员及各军军长、师长、舰队司令、空军司令，国民党省党部主任委员，国民政府各部、各特派员等，同盟军代表顾德里上校、柏克上校、和礼上校等19人，台湾地方代表林献堂、陈炘、杜聪明、罗万俥、林茂生等30余人，日本投降代表安藤利吉大将、台湾军参谋长諌山春树中将、总务长官代理农商局长须田一二三、高雄海军警备府参谋长中泽佑少将等人。

10时，鸣礼炮典礼开始。陈仪主持受降典礼，他宣布："台湾日军已于9月9日在南京投降，我奉命为台湾受降主官。现将第1号命令交于日本台湾总督兼第十方面军司令官安藤利吉受领，希望遵照办理。"随即将命令及命令受领证交柯远芬参谋长转交安藤利吉。安藤在受领证上签名盖章后，由諌山春树恭呈陈仪将军。陈仪阅后认可，令日军投降代表退席。

接着陈仪即席发表广播讲话："本人奉命为台湾受降主官，受

台湾受降典礼于1945年10月25日上午10时在台北中山堂举行。图为聚集在中山堂外的台湾民众，在等待那激动人心时刻的到来

降典礼于10月25日在台北市中山堂举行，均已顺利完成。从今天起，台湾及澎湖列岛已正式重入中国版图，所有一切土地、人民、政事皆已置于国民政府主权之下，这种具有历史意义的事实，本人特报告给中国同胞及全世界周知。"

下午3时，台湾各界人民代表在中山堂举行台湾光复庆祝大会，陈仪将军亲临大会致辞。

从此，10月25日便成为"台湾光复日"。

中国人民50年的浴血奋战，驱逐日本帝国主义、使台湾回归祖国的愿望终于实现了。广大的台胞奔走相告，欢欣鼓舞，互相庆贺，村村户户张灯结彩，通宵欢庆，家家点香燃烛，祭祀祖宗，以台湾回归祖国的喜讯告慰先人。

落日的余晖将台湾海峡染成一片血红，夜幕降临后，海上升起一轮皎洁的明月，清辉洒向海峡两岸。夜晚，是全体台湾同胞举行家祭的日子。

丘逢甲的儿子，51岁的丘念台在寓所中沐浴更衣，摆上水果、点心、白酒，他从小佛龛中请出写有"先父丘逢甲之灵位"的牌位，用衣袖轻轻地擦拭着，然后端端正正地供奉在祭台的正中。

1895年，丘逢甲在台湾抗日失败，返回祖籍广东嘉应州镇平镇，从事教育。他身在大陆，却心系台湾，自称"台湾遗民"，号"沧海君"，慨然有报秦之志。他特意手书"念台"两个大字，挂在寓所的墙上。又将一岁的儿子丘琮取字"念台"。在此期间，他创作了许多爱国诗歌，抒发自己念念不忘台湾、盼望早日收复故土的心情。

1912年2月25日，丘逢甲病卒于镇平故居。临终之际，叮嘱儿子丘念台说："我死后必将我南向而葬，我不能忘记台湾啊！"

香案的两边各有一枝两尺高的红烛，蜡泪长流，烛光将屋内照得通亮。丘念台点燃了三炷香，插在香炉中。在氤氲的青烟中，喃

参加受降典礼的中方代表合影

喃地念着南宋大诗人陆游的《示儿》诗："死去原知万事空，但悲不见九州同。王师北定中原日，家祭毋望告乃翁。"

丘念台跪倒在地，热泪盈眶，给父亲丘逢甲的灵牌叩头行大礼，手里还有一张雪白的宣纸，上面用毛笔楷书写着祭文：

维中华民国三十四年十月，祖国宝岛台湾光复，回归中华。距离前清光绪二十一年，清廷割让台湾予日本，整整五十周年。遥想当年割台之日，先辈奋勇杀敌，喋血宝岛，赍志而殁，抱恨终天。今天，您的未竟之志终于完成！念台特意举行家祭，将此特大喜讯告慰您的在天之灵，想必您定会含笑于九泉。伏惟尚飨。

10月26日，台北市各大专院校学生数万人，再次聚集于中山堂庆祝台湾光复，会后举行全市大游行，从早到晚，欢庆的队伍络绎不绝，舞狮耍龙灯的传统表演体现了台湾同胞热爱祖国的赤子之心。

受降仪式结束后，日本台湾总督兼第十方面军司令官安藤利吉所有职衔被解除，改任台湾地区日本官兵善后联络部长，接受陈仪的指挥。

11月1日，台湾警备总司令部为统一领导台湾地区的军事接收工作，成立台湾地区军事接收委员会，设主任委员1人，由警备总司令陈仪兼任；副主任委员1人，由警备总司令部参谋长柯远芬兼任；委员若干人，由六十二军军长、七十军军长、海军第二舰队司令、空军第二十二和二十三地区司令、警备总司令部副参谋长及各处处长、宪兵第四团团长兼任。委员会下设处，处长1人，由警备司令部副参谋长兼任，负责处理经常业务；下设专门委员及秘书、

安藤利吉在投降书上签字

諫山春树将安藤利吉签字的投降书递交给陈仪检视

陈仪发表广播讲话，宣布台湾及澎湖列岛正式重入中国版图

主持受降典礼的中国官员合影。台湾行政长官陈仪（右五）、台湾行政长官公署秘书长葛敬恩（右四）、台湾警备司令部参谋长柯远芬（右六）

台湾街头庆祝光复的热烈情景

庆祝台湾光复游行的学生队伍

参谋、副官、军需、书记、司书若干人，陆军 1、2、3 组及海军、空军、军政、宪兵等 7 个接收组。同时成立两个点验组，直属接收委员会。

日本在台湾的兵力，到日军投降止，有第十方面军的陆军 5 个师团、6 个独立混成旅团、1 个空军飞行师团及海军等，共计 18 万余人。

陈仪将军以“军字第 1 号”命令台湾地区日本官兵善后联络部部长安藤利吉上报日军缴械时间与集中地点。

11 月 3 日，台湾省行政公署公告“台湾法制原则”：中国一切现行法律适用于台湾，日本盘踞时期的法律、法令一律废止；行政公署正式行使职权，废止日据时期的“五州三厅制”，重新规划为九个县、九个省辖市和宜南、花莲港两个县辖市。

1946 年 1 月 12 日，中国政府正式通告：“台湾人民原系我国国民，由于敌人侵略致使丧失国籍，兹国土重光，其原有中国国籍之人民自民国三十四年（1945）十月二十五日起，应即一律恢复我国国籍。”从此台湾同胞在事实和法律上都恢复了中国国籍，回到祖国的怀抱。

台湾光复后，在台的日本人约有 50 万，包括军人、警察、军警眷属、侨民等。为加速复员及解决粮荒等问题，根据国民政府的指示，台湾省军政当局决定将其全部遣送回国。遣送首先从日俘开始。台湾光复时，在台湾缴械投降的日本官兵有近 18 万人。日军投降后，所有日俘部队不分其原有建制，由日俘原部队长官自行负责管理。

根据台湾省警备总司令部的命令，缴械日俘集中至指定地点，并从事海运、空运、营建、交通、工矿生产等“复旧”工作。为加强对日俘的管理，1945 年 12 月 16 日成立了台湾省战俘管理处，

陈仪(左一)对日本战俘训话

柯远芬等视察台湾日本官兵联络部的情形

諫山春树（中）回答柯远芬等提出的问题

接收日本殖民者的轮船“黑潮丸”

日俘打扫街道、疏通沟渠

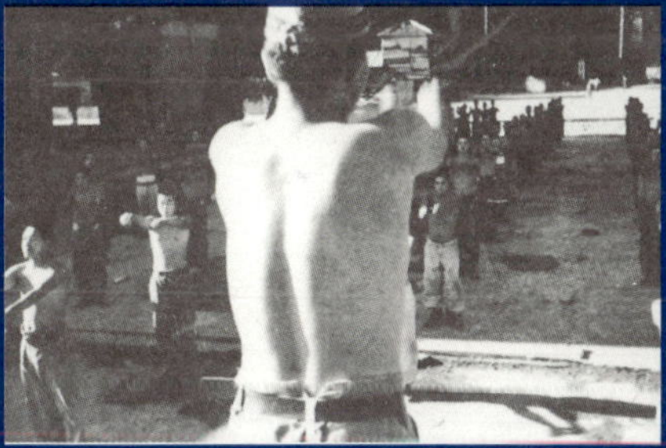

日俘进行体育锻炼

日俘种植蔬菜

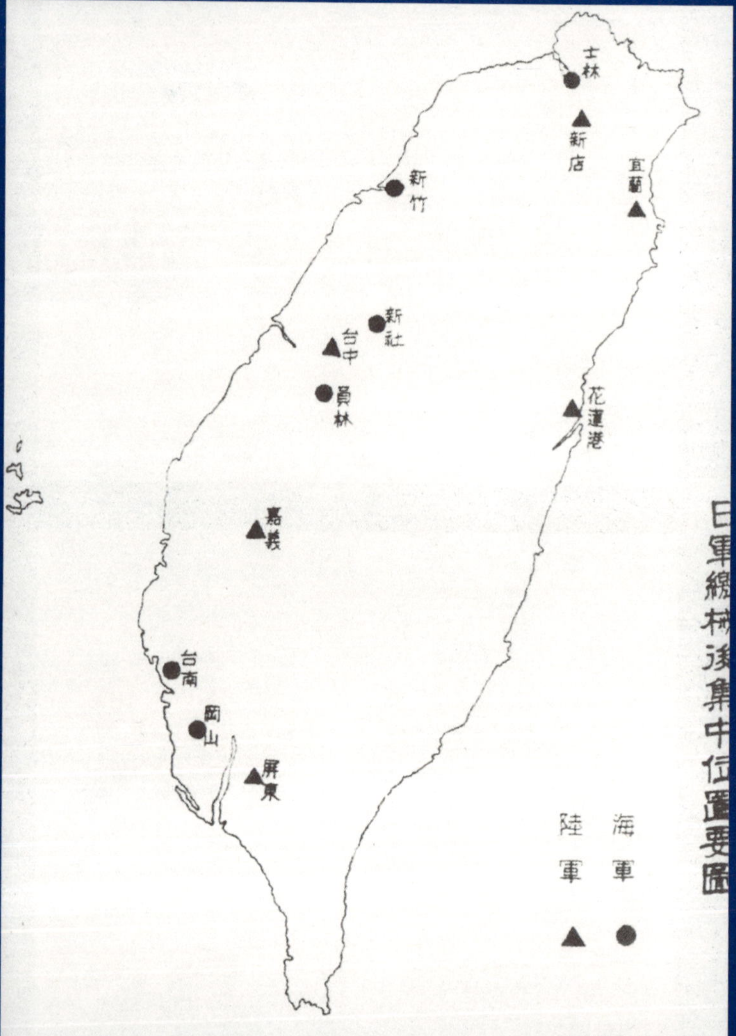

日军缴械后集中位置图

日军缴械后集中位置图

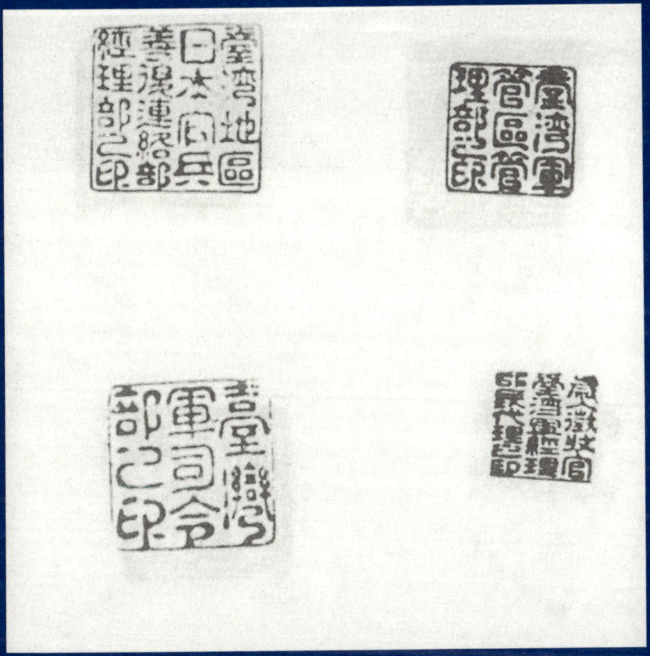

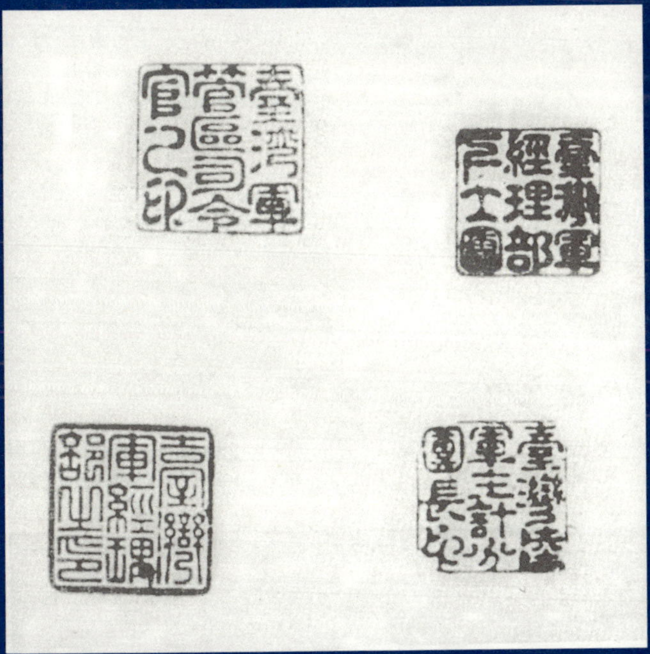

收缴的日军部分印信

台湾警备总司令部高级参谋王成章少将任处长，美军联络组派员兼任1处长，并在第六十二军及第七十军、第二舰队司令部、空军第二十二及二十三也区司令部接收监护区内成立了5个战俘管理所，分别管理本防区日俘。该管理处曾制定公布了《台湾省警备总司令部战俘管理处日俘教育计划大纲》及《巡回教育团教育实施办法》等，利用日俘待运间隙，以精神教育演讲会、巡回教育、广播教育、文字教育政治座谈会及辩论会等形式，对日俘实施精神感化教育。同时，要求日俘在工余时间，在工作地附近，利用空地种植蔬菜，并饲养家畜，制造鞋袜，以资自给。

日俘遣送工作由警备总司令部第三处具体负责，并于1945年12月设立了基隆、高雄二港口运输司令部，专司日俘之集中检查与宣送等工作，同时设立铁道运输司令部，负责将各地的日俘用火车以最快的方式运送至各港口，并与美军联络组保持密切联系与合作，以保证该项工作的顺利进行。日本官兵善后联络部及其在各地分设的联络支部则协助日战俘之输送、集中与遣送乘船等工作。原计划遣返日俘（包括少数韩俘）167424人，实际遣送165638人。

日本投降时，在台的日侨和日军眷属有30余万人，还有2万多琉球人。由于战败后的日本国内缺粮少房，很多日本人已在台湾生活了多年，再加上中国人在胜利后并未对日本人进行报复，所以有半数以上的日本人不想回国，而是申请要作为台湾的永久居民。一些人为了在台湾长期居住，还不断迁移住址。但国民政府考虑到以后管理的难度，没有批准他们的申请，决定将他们遣送回国。

1945年12月27日，台湾省行政长官公署成立台湾省日侨管理委员会，下设秘书室及调查、管理、输送三组，负责“日侨之调查统计及管理事项”，及“遣返日侨之调配、输送及给养事项”，由民政处长周一鹗兼任主任委员，包可永、严家淦、胡福相、任可登

等任委员，并于各县市设日侨输送管理站，由各县市长兼任站长。

经过多次商量，日侨管理委员会决定，日本海陆军遗族及留守家属，列为首批遣送，次为一般普通日侨，琉侨最后遣送。划定台北、台中、新竹等县，台北、基隆、新竹、台中、彰化等市日侨在基隆港口集中；台南、高雄、澎湖等县，台南、高雄、嘉义、屏东等地日侨向高雄港口集中；花莲、台东两县日侨，因交通困难，由美方调配小型轮船，直开花莲港接运，由花莲港直驶东京。3月2日至4月21日，由各县市载运到达基隆、高雄、花莲港人日侨人数共计270852人。还有未经由县市站集中而自动向港口集中者，计普通日侨、日军遗族及留守家属共13128人。至4月底共遣送日军遗族及留守家族69246人，日侨221913人，共计291159人。

经过遣返，至此，在台湾的日本侵略者及相关人员全部离开。

【十二】

有可爱护的国家享受温暖
有可尽忠的民族为国效力

台湾光复后，与其他省份一样享受祖国大家庭的温暖。经过分离之苦的人，才知道团圆的幸福；曾经失去祖国的人，才知道祖国大家庭的温暖。林献堂的话道出了台湾同胞的心声：『台湾沦陷五十一年，同胞饱尝亡国痛苦，痛定思痛，所以对国族倍感可爱，希望国家强盛、民族繁荣的心情比国内同胞或且有更来得深刻之处。』

台湾同胞听到抗战胜利、台湾重归祖国怀抱的消息时，无不欢欣鼓舞，同庆团圆之乐。自1945年8月15日日本投降到10月25日，由于日本政府政令不通，中国军队尚未接管，台湾同胞翘首以待祖国大陆军队赴台，日夜盼望中央政府派员入台主政。当时日本少壮军人游说台胞，煽动台胞自决，搞所谓“台湾独立”。当时在台日军有18万人，其他日本人也有29万多，合计近47万人，粮食充足，军器完备，日本人如果制造“台湾独立”或制造动乱等麻烦，既有力量也有时间。然而台湾同胞回归祖国决心坚定，他们行动起来，自发维持社会治安。在这两个多月的时间里，台湾平安稳定，民众静静地等待祖国的亲人前来接收。

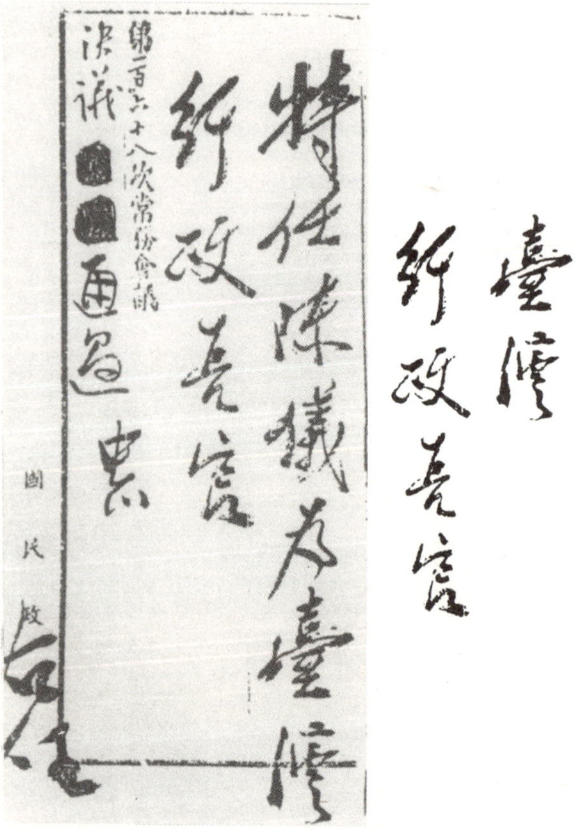

于右任签发的台湾行政长官任命书

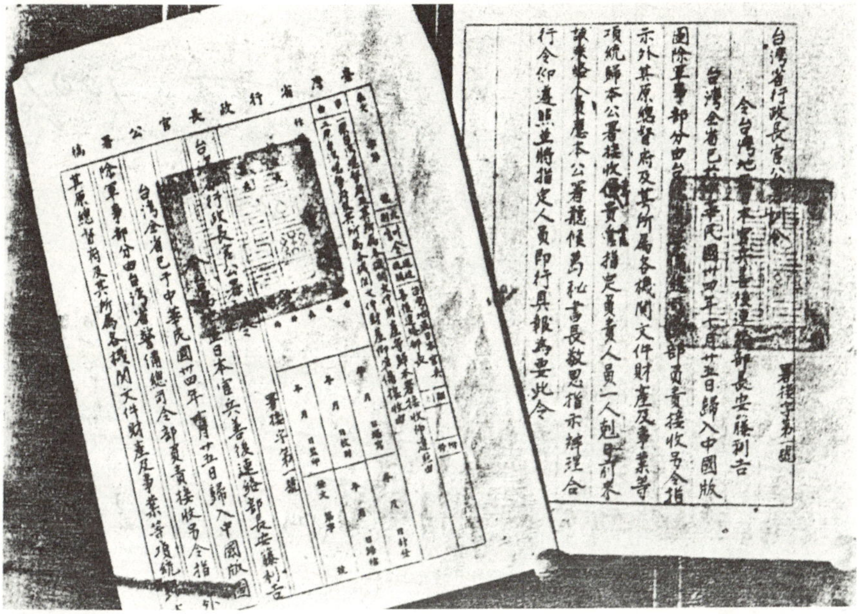
台湾省行政長官公署训令
全台湾地區日本官兵善後連絡部長安藤利吉
台湾全省已於中華民國卅四年十月廿五日歸入中國版
圖除軍事部分由[illegible]部負責接收另令指
示外其原總督府及其所屬各機關文件財產及事業等
項統歸本公署接收[illegible]指定負責人員一人剋日前來
接洽本公署聽候葛秘書長敬恩指示辦理合
行令仰遵照並將指定人員即行具報爲要此令
署接字第一號

台湾光复后台湾省行政长官公署签发的文件

10 月 17 日，第七十军第七十五师在基隆登陆，台湾千万民众热烈欢迎祖国军队的到来，气氛热烈。从基隆到台北仅 30 公里，30 万民众沿途夹道“箪食壶浆，以表欢迎”，并高唱《欢迎国军歌》，第七十军军长陈孔达等所乘专列竟走了 4 个小时。这些都充分表达了同胞团圆的兴奋心情。

全台同胞庆祝的盛况空前，家家户户欢欣无比，祭祖谢神，向先民冥中告知台湾回归祖国；台湾各地更是集会庆祝，全台湾洋溢着一派节日气氛。

日本投降，使林献堂与其他所有台湾同胞一样掩饰不住内心的喜悦，他一生都在以非武力的方法为台湾谋求出路而努力。奔忙 30 余年，日本的残暴统治使他的许多愿望都化为泡影，他尝尽了亡国奴的味道，现在日本投降了，怎能不使他欣喜若狂？他热切盼望着祖国的接收大员们早日到台。8 月 30 日，林献堂的次子林犹龙建议前往南京欢迎台湾省行政长官陈仪一行。林献堂“慨然许之”，

当日下午便赶赴台北，转乘飞机渡过海峡，投向祖国怀抱。9月6日，林献堂接到了蒋介石命何应钦电令台湾总督通知林献堂、罗万伦、林呈禄、陈炘、蔡培火、苏维梁六人到南京，参加9月9日受降典礼的消息。9日，台湾省行政长官公署秘书长葛敬恩会见了林献堂，双方就台湾今后的政治、经济、言论、教育、法律及日人居住问题作了毫无保留的洽谈。林献堂向“国府大员倾吐了郁积胸中40余年的心事”，“颇引以为慰”。13日，林献堂回到台湾，应邀在台中发表了题为《两星期之见闻与所感》的演讲，讲述了国民党在大陆开展的新生活运动的情况。10月，林献堂又赴台北会见了国民政府外交部驻台特派员黄朝琴等人，继续讨论今后对台湾的治理问题。

1946年4月，林献堂被选为台湾省参议会议员。8月，他作为“台湾光复致敬团”的成员，赴上海、南京、西安、镇江、无锡、苏州等地考察观光。在西安，他代表“致敬团”发表了“告别陕西同胞”的讲话。他说：“台湾沦陷51年，同胞饱尝亡国痛苦，痛定思痛，所以对国族倍感可爱，希望国家强盛、民族繁荣的心情比国内同胞或且有更来得深刻之处。650万台胞，不但在敌人治下无时或忘祖国，对于祖国数十年来的内忧外患尤极关切，光复后已觉有可爱护的国家、可尽忠的民族，所以对于国家民族的前途莫不极度感奋。愿尽其所能以图报效……”台湾光复以后，于1946年陆续进行了县市参议员、省参议员的选举，又与全国人民一道进行了国民参政员以及制宪国民大会代表的选举。

1948年5月，国民政府在上海江湾体育场举行第七届全国运动会。运动会不仅是一个体育竞技运动，更像有人所说，它是各省区、各部门、各团体代表的狂欢节，是全国运动员的大团圆。这次运动会与其他各次运动会不同的是，台湾省派出了阵容强大的队伍参会，

1946年3月，出席“行宪国大”的台湾代表团合影

1948年5月4日，第七届全国运动会在上海江湾体育场举行，台湾省组团参加

这是台湾光复后第一次以省代表队的名义参加全国性的盛会，也是自1912年中华民国成立以来代表最多、最全的一次运动会，因此引起了世人的瞩目。当台湾省的队伍经过主席台时，全场掌声雷动，观众发出惊天动地的欢呼声，表现了全国人民对台湾同胞的热情。

台湾省运动员在运动会上非凡的表现，特别是田径项目的成绩令其他省队刮目相看。《台湾新生报》的报道说："田径项目是大会的重心。台湾代表团在田赛项目中人才济济，必可夺得首席。径赛方面台湾有短距离的许通及陈英郎亦具染指资格。上海从前是田径锦标，然而近年来除哑巴楼文敖之外，并无出色人才。今年怕要吃败。女子田径粤省、台湾、北平将有剧争。"正如报纸预料的那样，比赛的结果是台湾省拿下了男子锦标赛冠军，取代上海成为中国田径界的第一名。上一届400米冠军戴淑国致电台湾省的冠军陈英郎，对他取代自己夺得冠军表示祝贺。运动会对陈英郎的优秀成绩表示祝贺，对戴淑国的风格与风度表示赞赏。观众们对台湾选手的表演表现出了极大的热情，每逢台湾运动员出场，观众都报以热烈的掌声，运动员招手致意，表现出同胞之间水乳交融的感情。

运动会闭幕式上，国民政府教育部长朱家骅对台湾省代表的表现大加赞扬，他说："台湾脱离祖国50年，此次参加全会，尚是历史上第一次，但台湾选手所表现之成绩及守纪律之精神，则令人极深佩服。"

1947年11月21日至24日，台湾全省民众进行行宪国民大会代表的选举，由于这是台湾光复后台湾人民进行的第一次全民选举，人民的积极性空前高涨，民众踊跃参加，参选人数占全省总人数的七成之多。此次选举选出了27位代表出席国民政府"行宪国大"，台湾人民与全国人民一道享受平等的权利和祖国大家庭的温暖。

中华民族几千年经历了多次的分、合，"分"是短暂的，"合"

是长时间的，统一是历史发展的大趋势、是必然的。“和”是中华民族的传统理念，也是中华大一统的思想基础。“家和万事兴”是每一个中国人的生活追求，只有“和”“合”才能为家庭、国家带来福祉。无数民族志士为了国家统一、为了民族复兴，也为了台湾回归祖国而报终天之恨，这是我们不能忘怀的，在纪念中国人民反法西斯胜利与台湾光复 70 周年之际，我们向他们致以崇高的敬意。

现在台湾与祖国大陆仍处于隔离状态，这成为每一个中国人深为关切并为之努力的大事，两岸的统一又成为中国人民努力的目标。

台湾是中国不可分割的一部分，台湾同胞与祖国大陆血脉相连，文化相同，语言相通。多年来，台湾无论是被外国人占领还是为中国的不肖之徒进行分裂，不论是武装占领还是政治、文化上搞“去中国化”，台湾同胞都有着拔不掉的中国根，割不断的中国脉，冲不淡的中国情，台湾回归祖国是任何人、任何伎俩都阻挡不了的。

2005 年 3 月，第十届全国人民代表大会第三次会议以零票反对通过了《反分裂国家法》，这是中国人民以法律的形式来维护祖国统一的重要举措，是中国政府尊重历史、以实际行动维护《开罗宣言》与《波茨坦公告》等国际法的正义行动，表明了中国人民维护祖国统一的决心与信心。

古人云：一尺布，尚可缝；一斗粟，尚可舂。同胞心，手足情，有何不容、有何不可谈、有何问题不可解决呢？我们相信，凭着两岸人民的一颗中国心，凭着中国人的聪明智慧，祖国和平统一的大业一定能够实现！我们盼望着那一天的到来！

眼下，台湾光复成为热门话题，海峡两岸也都出版了不少的有关台湾光复的史料、著述与图片资料，本人在撰写的过程中作了参考和引用，在此表示感谢并愿按出版社的标准给予报酬。